あなたへのお手紙

これから、あなたが毎日HAPPYに過ごせるよう、
願いを込めて、次のページから展開される、
開運の絵とお手紙を書きました。

これは、“超開運ノート”です。
仕事運、金運、恋愛・結婚運、健康運など、
さまざまな運が上昇するように、
わたしが宇宙パワーを注入して、
絵を描かせていただきました。

眺めるだけでもいいですし、
写真を撮って携帯の待ち受けにするのもいいですし、
切り取ってお部屋に飾るのもいいでしょう。
いつも身近に置いてみてください。
きっといいことがありますよ！

By キャメレオン竹田

バースデーケーキさんより

ハッピーバースデー！
生まれてきてくれて、ありがとうございます。
本当におめでとうございます。
あなたの存在を、いちいちお祝いさせていただきます。

Chame

虹のフェニックスより

わたしは虹の中に住んでいます。
あなたが虹を見つけるたびに、
わたしは、密かに、あなたに会いに行きます。
そのとき、あなたの願いを教えてね！
わたしは、それを叶（かな）えるのが、
楽しくてしょうがないのです。

赤い船の七福神より

わたしたち赤い船の七福神は、
いつもあなたと共にいます。
あなたも一緒にこの船に乗りませんか？
いつでも大歓迎です。
あっ、アイテムを
何かひとつ持ってきてね！
そのほうが
八福神っぽくなるからね～。
Chame

白い富士山より

わたしは、いつでもあなたの中に存在します。
あなたに何が起きても、
いつだって、ずっと、あなたを見守っています。
それを、思い出してくれるだけで、
あなたは、わたしのパワーも使えますよ。

Chame

不思議な宮殿(きゅうでん)より

ど～も、こんにちは。
中に入りますか？
それとも、入るのをやめておきますか？
どちらもあなたが
自由自在に創造することができます。
じつは、あなたが今いる
この世界もそうなんだけどね。
あっ、タネあかしをしてしまった……。
Chame

青い木より

地球の木々たちを代表して、お伝えしますね。
わたしたちは、もっともっと、
あなたとコミュニケーションを取りたいのです。
だから、心の中でいいから、
どんどん話しかけてください。

わたしたちは、大地を通して、
世界中の木とつながっていますから、
あらゆるヒントを、あなたに与えることができるのです。

水色の世界の太陽より

今日も、あなたはかわいいね！
なんて、かわいいのでしょう！
本当ですよ。

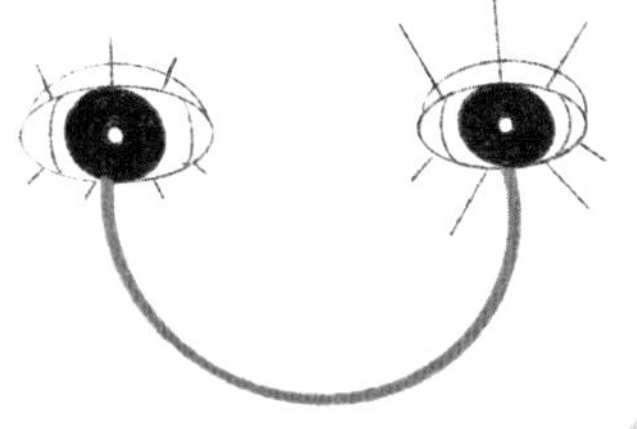

Chame

赤い龍(りゅう)より

あなたが心の中に
情熱の炎を灯(とも)したとき、
わたしは生まれます。
あなたを乗せて、
天まで上昇するために。

キャメビエより

痛いの、痛いの、飛んで行け〜！
あらゆることから、あなたを守ります。
あなたにとって不要なエネルギーや、
重いエネルギーは、
パクッと食べて、光に変えて、
あなたにお返しいたします。

望むものを意のままに！

宇宙に注文！

超開運ノート

キャメレオン竹田

日本文芸社

はじめに

　わたしは、この超開運ノートを持っているだけで、あなたの運が爆上げされることを願い、波動を最高潮に高めて宇宙パワーを注入しながら、開運のための絵やイラスト、そしてポストカードのイラストを描きました。
　不思議かつ、すさまじい幸運のエネルギーに満ちています。
　あなたに素晴しいことが次々にやってくるでしょう。

　それでですね、本書のタイトルにもありますが、あなたの願いを宇宙に注文して叶えてしまおうという、すごいシートをご用意しています。願いごとの書き方はあとのページで説明しますが、とにかくすごいので、ぜひ活用してみてください。
　また、自分で作る開運ダイアリーも盛り込んでいます。こちらも使い方はあとで説明します。

　巻末についているポストカードは、大切な人へのお手紙に使うもよし、手帳に挟んで持ち歩くもよし。お部屋に飾って眺めるだけでもいいです。超高波動です！

　さらにこの本には、いろいろな仕掛けがしてあります。
　わたし、キャメレオン竹田だけでなく、我が家の“おおぼち先生”と“ペリー伯爵”も登場します。
　くまなく活用して楽しんでくださいね。

キャメレオン竹田

Contents

超開運ノートの使い方

✴宇宙よりあなたへのお手紙

宇宙から届いたあなたへのお手紙を、わたしがメッセージと絵でお伝えさせていただいております。絵には、あなたの運が爆上げされるように、波動を最高潮に高めて宇宙パワーを注入しながら、描きました。

眺めるだけでもいいですし、切り取って手帳に挟んでもいいです。携帯の待ち受け画面にして持ち歩くのもいいでしょう。毎日ふれ続けることで、並々ならぬパワーがみなぎってくるのを感じられるはずです。

✴宇宙注文シート&ダイアリー

あなたの願いごとを宇宙に注文するシートと、毎日ちょこちょこ注文できるように自分で作れるダイアリーの２つをご用意しました。思考には磁石のように現実を引き寄せる力があります。いつもあなたが思っていること、意識を向けていることが現実化しやすいのです。ですから、願いを込めながら書くと、叶いやすくなるのです。

✴吉日でさらに叶えやすくする！

一粒万倍日、天赦日、巳の日、寅の日……など、2021～2023年の３年間分の吉日を掲載しています。ぜひ参考にしてください。貴重な開運の日を逃さないで！

✴天体逆行でさらに叶えやすくする！

逆行とは、地球から見て、天体がいつもと反対の方向に動いているように見える現象です。天体は、逆行すると、その天体の意味合いが裏目に出やすくなります。天体の動きを知って、運を味方につけましょう！

✴月のサイクルと新月のお願いごと

月のサイクルは、潮の満ち引き、月経周期のみならず、わたしたちの心と体にしっかりとリンクしています。月のサイクルを意識して取り入れていくことで、本当の自分自身を取り戻しやすくなりますし、月は健康にもリンクしているので体調も整いやすくなります。

そして、月は潜在意識でもあります。潜在意識に入った願いは、自動的に叶うことになっています。新月のときは、月は、完全に吸収体制になるので、願いをインストールさせるのにとても適しています。心と体のリズムと、月のサイクルがうまくリンクできるようになって、軌道に乗ってくると、今までなかなか叶わなかったことが、あるときすごい勢いで叶い始めたりします。

2021～2023年の3年分の新月・上弦の月・満月・下弦の月の日にちを入れていますので、ぜひお役立てください。

✷2021~2023年の12星座別占い

2021～2023年の向こう3年間を星座別に占いました。

これからの３年、どんなふうになりたいか、そのためには何をどうしていけばいいのか、この３年分の占いを参考にしながら、叶えたいことを注文していきましょう。

✷99の開運メッセージ

キャメレオン竹田、おおぽち先生、ペリー伯爵の99の開運メッセージが各ページの下部にイラストと共に記載されています。次の手順で活用してみてください。

① このノートを両手で挟み、目を閉じて10秒数えます。

② 心を無にして何も考えずに、直感でノートを開いてください。

③ 開いたページの下部にある言葉が、その日のあなたへのメッセージ。

④ 何も記載がないページを開いた場合は、引き当てるまで行なってみてください。もし左右両方のページに記載があった場合は、先に目に飛び込んできたほうが、あなたへのメッセージになります。

✷さらに！ 願いを叶えやすくするツールが満載

上記以外にも、あなたの願いを叶えやすくするためのツールをたくさんご用意しています。ぜひ活用してみてください！

- ☐全国開運神社MAP
- ☐キャメレオン竹田の開運33箇条
- ☐色のパワー
- ☐石のパワー
- ☐キャファメーション
- ☐曼荼羅塗り絵
- ☐幸運を引き寄せるポストカード（巻末）

2021

1 JANUARY

M	T	W	T	F	S	S
				1	2	3
4	5	6	7	8	9	10
11	12	13	14	15	16	17
18	19	20	21	22	23	24
25	26	27	28	29	30	31

2 FEBRUARY

M	T	W	T	F	S	S
1	2	3	4	5	6	7
8	9	10	11	12	13	14
15	16	17	18	19	20	21
22	23	24	25	26	27	28

3 MARCH

M	T	W	T	F	S	S
1	2	3	4	5	6	7
8	9	10	11	12	13	14
15	16	17	18	19	20	21
22	23	24	25	26	27	28
29	30	31				

4 APRIL

M	T	W	T	F	S	S
			1	2	3	4
5	6	7	8	9	10	11
12	13	14	15	16	17	18
19	20	21	22	23	24	25
26	27	28	29	30		

5 MAY

M	T	W	T	F	S	S
					1	2
3	4	5	6	7	8	9
10	11	12	13	14	15	16
17	18	19	20	21	22	23
24 31	25	26	27	28	29	30

6 JUNE

M	T	W	T	F	S	S
	1	2	3	4	5	6
7	8	9	10	11	12	13
14	15	16	17	18	19	20
21	22	23	24	25	26	27
28	29	30				

7 JULY

M	T	W	T	F	S	S
			1	2	3	4
5	6	7	8	9	10	11
12	13	14	15	16	17	18
19	20	21	22	23	24	25
26	27	28	29	30	31	

8 AUGUST

M	T	W	T	F	S	S
						1
2	3	4	5	6	7	8
9	10	11	12	13	14	15
16	17	18	19	20	21	22
23 30	24 31	25	26	27	28	29

9 SEPTEMBER

M	T	W	T	F	S	S
		1	2	3	4	5
6	7	8	9	10	11	12
13	14	15	16	17	18	19
20	21	22	23	24	25	26
27	28	29	30			

10 OCTOBER

M	T	W	T	F	S	S
				1	2	3
4	5	6	7	8	9	10
11	12	13	14	15	16	17
18	19	20	21	22	23	24
25	26	27	28	29	30	31

11 NOVEMBER

M	T	W	T	F	S	S
1	2	3	4	5	6	7
8	9	10	11	12	13	14
15	16	17	18	19	20	21
22	23	24	25	26	27	28
29	30					

12 DECEMBER

M	T	W	T	F	S	S
		1	2	3	4	5
6	7	8	9	10	11	12
13	14	15	16	17	18	19
20	21	22	23	24	25	26
27	28	29	30	31		

Public Holiday 2021

国民の休日

◯元旦	1月1日	◯こどもの日	5月5日
◯成人の日	1月11日	◯海の日	7月19日
◯建国記念の日	2月11日	◯山の日	8月11日
◯天皇誕生日	2月23日	◯敬老の日	9月20日
◯春分の日	3月20日	◯秋分の日	9月23日
◯昭和の日	4月29日	◯スポーツの日	10月11日
◯憲法記念日	5月3日	◯文化の日	11月3日
◯みどりの日	5月4日	◯勤労感謝の日	11月23日

チラリズムも大事

2022

1 JANUARY

M	T	W	T	F	S	S
					1	2
3	4	5	6	7	8	9
10	11	12	13	14	15	16
17	18	19	20	21	22	23
24	25	26	27	28	29	30
31						

2 FEBRUARY

M	T	W	T	F	S	S
	1	2	3	4	5	6
7	8	9	10	11	12	13
14	15	16	17	18	19	20
21	22	23	24	25	26	27
28						

3 MARCH

M	T	W	T	F	S	S
	1	2	3	4	5	6
7	8	9	10	11	12	13
14	15	16	17	18	19	20
21	22	23	24	25	26	27
28	29	30	31			

4 APRIL

M	T	W	T	F	S	S
				1	2	3
4	5	6	7	8	9	10
11	12	13	14	15	16	17
18	19	20	21	22	23	24
25	26	27	28	29	30	

5 MAY

M	T	W	T	F	S	S
						1
2	3	4	5	6	7	8
9	10	11	12	13	14	15
16	17	18	19	20	21	22
23	24	25	26	27	28	29
30	31					

6 JUNE

M	T	W	T	F	S	S
		1	2	3	4	5
6	7	8	9	10	11	12
13	14	15	16	17	18	19
20	21	22	23	24	25	26
27	28	29	30			

7 JULY

M	T	W	T	F	S	S
				1	2	3
4	5	6	7	8	9	10
11	12	13	14	15	16	17
18	19	20	21	22	23	24
25	26	27	28	29	30	31

8 AUGUST

M	T	W	T	F	S	S
1	2	3	4	5	6	7
8	9	10	11	12	13	14
15	16	17	18	19	20	21
22	23	24	25	26	27	28
29	30	31				

9 SEPTEMBER

M	T	W	T	F	S	S
			1	2	3	4
5	6	7	8	9	10	11
12	13	14	15	16	17	18
19	20	21	22	23	24	25
26	27	28	29	30		

10 OCTOBER

M	T	W	T	F	S	S
					1	2
3	4	5	6	7	8	9
10	11	12	13	14	15	16
17	18	19	20	21	22	23
24	25	26	27	28	29	30
31						

11 NOVEMBER

M	T	W	T	F	S	S
	1	2	3	4	5	6
7	8	9	10	11	12	13
14	15	16	17	18	19	20
21	22	23	24	25	26	27
28	29	30				

12 DECEMBER

M	T	W	T	F	S	S
			1	2	3	4
5	6	7	8	9	10	11
12	13	14	15	16	17	18
19	20	21	22	23	24	25
26	27	28	29	30	31	

2023

1 JANUARY

M	T	W	T	F	S	S
						1
2	3	4	5	6	7	8
9	10	11	12	13	14	15
16	17	18	19	20	21	22
23	24	25	26	27	28	29
30	31					

2 FEBRUARY

M	T	W	T	F	S	S
		1	2	3	4	5
6	7	8	9	10	11	12
13	14	15	16	17	18	19
20	21	22	23	24	25	26
27	28					

3 MARCH

M	T	W	T	F	S	S
		1	2	3	4	5
6	7	8	9	10	11	12
13	14	15	16	17	18	19
20	21	22	23	24	25	26
27	28	29	30	31		

4 APRIL

M	T	W	T	F	S	S
					1	2
3	4	5	6	7	8	9
10	11	12	13	14	15	16
17	18	19	20	21	22	23
24	25	26	27	28	29	30

5 MAY

M	T	W	T	F	S	S
1	2	3	4	5	6	7
8	9	10	11	12	13	14
15	16	17	18	19	20	21
22	23	24	25	26	27	28
29	30	31				

6 JUNE

M	T	W	T	F	S	S
			1	2	3	4
5	6	7	8	9	10	11
12	13	14	15	16	17	18
19	20	21	22	23	24	25
26	27	28	29	30		

7 JULY

M	T	W	T	F	S	S
					1	2
3	4	5	6	7	8	9
10	11	12	13	14	15	16
17	18	19	20	21	22	23
24	25	26	27	28	29	30
31						

8 AUGUST

M	T	W	T	F	S	S
	1	2	3	4	5	6
7	8	9	10	11	12	13
14	15	16	17	18	19	20
21	22	23	24	25	26	27
28	29	30	31			

9 SEPTEMBER

M	T	W	T	F	S	S
				1	2	3
4	5	6	7	8	9	10
11	12	13	14	15	16	17
18	19	20	21	22	23	24
25	26	27	28	29	30	

10 OCTOBER

M	T	W	T	F	S	S
						1
2	3	4	5	6	7	8
9	10	11	12	13	14	15
16	17	18	19	20	21	22
23	24	25	26	27	28	29
30	31					

11 NOVEMBER

M	T	W	T	F	S	S
		1	2	3	4	5
6	7	8	9	10	11	12
13	14	15	16	17	18	19
20	21	22	23	24	25	26
27	28	29	30			

12 DECEMBER

M	T	W	T	F	S	S
				1	2	3
4	5	6	7	8	9	10
11	12	13	14	15	16	17
18	19	20	21	22	23	24
25	26	27	28	29	30	31

そのプライドは
いりません

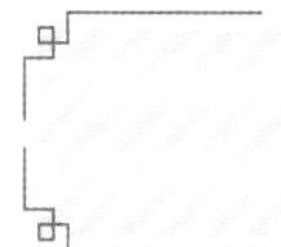

吉日について

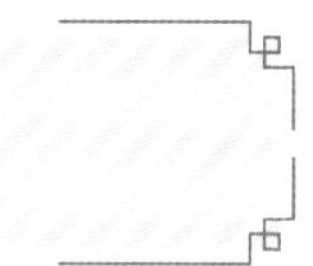

✷一粒万倍日（いちりゅうまんばいび）

一粒の籾（もみ）が万倍にも実る稲穂になるという意味合いから、この日に始めたことは、どんどん増えたり、発展するといわれています。何かをスタートさせるのにはいい日。ただし、借金や人からものを借りたりすると、そちらも万倍になるので注意。

	2021年	2022年	2023年
1月	3・4・7・16・19・28・31	11・14・23・26	5・6・9・18・21・30
2月	3・10・15・22・27	5・10・17・22	2・5・12・17・24
3月	7・14・19・26・31	1・9・14・21・26	1・9・16・21・28
4月	10・13・22・25	2・5・8・17・20・29	2・12・15・24・27
5月	4・7・8・19・20・31	2・14・15・26・27	9・10・21・22
6月	1・14・15・26・27	9・10・21・22	2・3・16・17・28・29
7月	9・12・21・24	3・4・7・16・19・28・31	11・14・23・26
8月	2・5・8・15・20・27	10・15・22・27	4・7・10・17・22・29
9月	1・9・16・21・28	3・11・16・23・28	3・11・18・23・30
10月	3・13・16・25・28	5・8・11・20・23	5・15・18・27・30
11月	6・9・10・21・22	1・4・16・17・28・29	11・12・23・24
12月	3・4・17・18・29・30	12・13・24・25	5・6・7・8・19・20・31

✷天赦日（てんしゃにち）

天がすべての罪を許す日とされ、どんなこともうまくいくという最上の大吉日。年に５～６日しかありません。

2021年……1月16日、3月31日、6月15日、8月28日、10月27日、11月12日
2022年……1月11日、3月26日、6月10日、8月23日、10月22日、11月7日
2023年……1月6日、3月21日、6月5日、8月4・18日、10月17日

☆天赦日と一粒万倍日が重なる日は、すごくいい日！

＜天赦日と一粒万倍日が重なる日＞

2021年……1月16日、3月31日、6月15日

2022年……1月11日、3月26日、6月10日

2023年……1月6日、3月21日、8月4日

✷寅の日（とらのひ）

寅のゴールドの毛並みは、金運の象徴とされ、金運にまつわることをすると縁起のいい日。

	2021年	2022年	2023年
1月	6・18・30	1・13・25	8・20
2月	11・23	6・18	1・13・25
3月	7・19・31	2・14・26	9・21
4月	12・24	7・19	2・14・26
5月	6・18・30	1・13・25	8・20
6月	11・23	6・18・30	1・13・25
7月	5・17・29	12・24	7・19・31
8月	10・22	5・17・29	12・24
9月	3・15・27	10・22	5・17・29
10月	9・21	4・16・28	11・23
11月	2・14・26	9・21	4・16・28
12月	8・20	3・15・27	10・22

✷巳の日（みのひ）と己巳の日（つちのとみのひ）

金運・芸術運などの神さまである弁財天（べんざいてん）の神使いは白蛇（しろへび）（巳）さまです。金運にまつわることをすると縁起がいい日を巳の日といいます。

己巳の日は60日に一度やってくる弁財天の縁日。巳の日よりさらに金運にまつわることをすると縁起のいい日。

弁財天さんにお参り

	2021年	2022年	2023年
1月	9・㉑	4・⑯・28	⑪・23
2月	2・14・26	9・21	4・16・28
3月	10・㉒	5・⑰・29	⑫・24
4月	3・15・27	10・22	5・17・29
5月	9・㉑	4・⑯・28	⑪・23
6月	2・14・26	9・21	4・16・28
7月	8・⑳	3・⑮・27	⑩・22
8月	1・13・25	8・20	3・15・27
9月	6・⑱・30	1・⑬・25	⑧・20
10月	12・24	7・19・31	2・14・26
11月	5・⑰・29	⑫・24	⑦・19
12月	11・23	6・18・30	1・13・25

※○は巳の日＋己巳の日です。

✷不成就日（ふじょうじゅび）

その名のとおり成就しにくい日とされています。契約などには不向きの日。ほかの吉日と被った場合、吉が半減するとも言われていますが、気にしすぎなくていいでしょう。ですので、本書に記載していません。どうしても気になる場合は、インターネットなどで検索してみてください。

✷大祓（おおはらい）

年２回、6月30日、12月31日に罪や穢れを祓い清める神事。６月は、夏越の大祓（なごしのおおはらい）といいます。ぜひ、お好きな神社の茅の輪をくぐって、年明けからの半年間の罪や穢れを祓いに行きましょう。茅の輪は大祓の２週間前くらいから設置されている神社もあります。

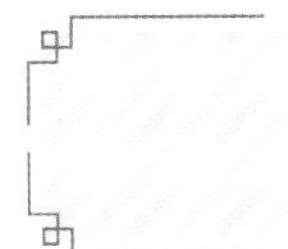
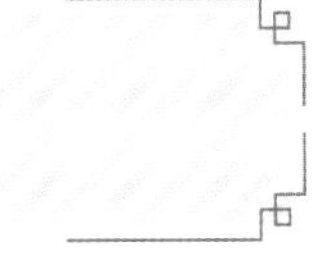

天体の逆行について

水星逆行

地球から見て、水星が逆の方向に進んでいるように見える時期をいいます。水星は、スマホ機能みたいなもので、話す、書く、伝える、調べる、作業する、工夫する、仕事能力、知性、思考などと関係するほか、電子機器や電気関係にもリンクします。

水星逆行の期間は、ここにちょっとした勘違いやイタズラが加わるイメージ。前に進んでいるようで進んでいない……そんな状態です。たとえば、電化製品の不調・破損、人間関係の仕切り直し、忘れ物、落とし物、PC・スマホの不調、データ誤送信・誤削除、電車の乗り間違い・遅延、勘違い、言い間違い、話し合いがまとまらない……といったことが起こりやすいのです。ただし、これらは決して悪いことではなく、よくなるための見直しのタイミングであったり、時間調整だったりします。

また、水星逆行に便乗して“忘れ物を取りに行く”といったプラスな使い方も可能です。疎遠になっていた知り合いと連絡をとったり、昔諦めたことにもう一度チャレンジしてみたり、あるいは、探し物を見つけに行くなどです。

＜水星逆行期間＞

2021年…… 1月31日～2月21日、5月30日～6月23日、9月27日～10月19日
2022年…… 5月10日～6月3日、9月10日～10月2日、12月29日～
2023年…… ～1月18日、4月2～25日、8月5～29日、11月26日～12月16日

金星逆行

金星は、恋愛、人間関係、お金を司る天体です。それらに関して、軌道修正が入ります。

最初は困難に感じることもありますが、よりよくなるための整える作業ですので、丁寧に向き合って対処していくと、人生がより楽しくなっていきます。

＜金星逆行期間＞

2021年…… 12月19日〜

2022年…… 〜1月29日

2023年…… 7月23日〜9月4日

火星逆行（かせいぎゃっこう）

火星は行動や集中力、心のエネルギーの出し方を司る天体です。この時期は、普段に比べて、焦ったり、へんなところでアツくなったり、やる気がなくなったり、悪ノリしてしまったり、やめたいけどやめられなくて困ったり、ケガをしたり、肝心（かんじん）なところで邪魔が入って困惑したり……といったことが増えるかもしれません。

でもこれは、すべてが完璧な宇宙の時間調整であり、素敵なメッセージでもあります。その調整があることで、よりよい未来へとつながるようになっているのです。まずは、そこに気がつくことが大事です。

深い深呼吸をして、散漫（さんまん）しがちな意識や身体を統一し、きちんと自分自身に戻りましょう。冷静になることで、次にすべきことが見えてきます。

＜火星逆行期間＞

2021年…… なし

2022年…… 10月3日〜

2023年…… 〜1月13日

♃ 木星逆行（もくせいぎゃっこう）

木星は拡大発展の天体で、約１年ごとに星座を移動。木星がいる星座に関係するアクションをすると、素敵な広がりを創り出します。逆行すると、ズレた方向に話が進みがちに。「あれ !? 方向性が違うぞ !?」と気づいたら、すかさず話し合いや行動をして軌道修正しましょう。ヨットをうまく滑走（かっそう）させる感じに似ています。万が一、そのまま進んでしまって遠回りになったとしても、それはそれで必要な経験となりますので、すべてを楽しんでみてください。

＜木星逆行期間＞

2021年…… 6月21日〜10月18日

2022年…… 7月29日〜11月24日

2023年…… 9月4日〜12月31日

土星逆行

土星は軌道修正の天体で、約２年半ごとに星座を移動。土星が入っている星座に関する事柄で、修行の場が提供されます。何か起きたら、見て見ぬ振りをせず、しっかりと向き合うことで、それが素晴らしい宝に変わっていきます。

逆行期間中は、物ごとがスムーズに流れないことがあるかもしれませんが、これは宇宙調整ですので、焦らなくても大丈夫です。すべてあなたにとってベストなタイミングが用意されます。

＜土星逆行期間＞

2021年…… **5月23日～10月11日**
2022年…… **6月5日～10月23日**
2023年…… **6月18日～11月4日**

天王星逆行

天王星は独立や改革、枠越えの天体で、約７年ごとに星座を移動。天王星が入っている星座に関する事柄は、時代の流れとともに、大きく変化を遂げていきます。

天王星は、2025年７月７日までは牡牛座にいます。牡牛座は、お金や物質の意味合いがあります。お金やモノに対する考え方、扱い方がどんどん変わっていくでしょう。“わたしのもの”という価値観が無意味なことに気づいていく人も増えていきます。

逆行期間中は、エキサイティングな刺激に翻弄されやすくなるかもしれません。毎日短時間でもいいので、瞑想したり、自分としっかり向き合う時間を作るといいでしょう。

＜天王星逆行期間＞

2020年8月15日～2021年1月14日
2021年8月20日～2022年1月19日
2022年8月24日～2023年1月23日
2023年8月29日～2024年1月27日

♆ 海王星逆行

海王星は、どこまでも広がっていく天体で、約14 年ごとに星座を移動。海王星が入っている星座に関する事柄は、目に見えるものも、見えないものも、そして、よくも悪くも想定外の広がり方をしていきます。

海王星は、2025年３月30日までは魚座にいます。魚座には、癒しや芸術、スピリチュアルな意味合いがあり、魚座にいる間は最もイキイキと働きます。スピリチュアルなことや芸術的なこともどんどん広げていくでしょう。とはいえ、予想外の方向に広がりすぎてしまうことも。「あっ、へんな方向に行っちゃっているぞ！」と思ったら、それは海王星にどっぷりと翻弄されているからかもしれません。それに気づくだけでも、自分で軌道を修正していくことができるでしょう。

＜海王星逆行期間＞

2021年…… 6月26日～12月1日
2022年…… 6月28日～12月4日
2023年…… 7月1日～12月6日

♇ 冥王星逆行

冥王星は、普段は存在を消していますが、スイッチが入ると、とてつもないパワーを発揮するゴジラのような天体で、約20年ごとに星座を移動。冥王星が入っている星座に関する事柄は、ゆっくりではありますが、丸ごと変わっていきます。頑固すぎて失敗したり、徹底的に自分や人を追い込んだりして疲弊してしまうことも。2023年３月24日までは社会を意味する山羊座にいるので、仕事や社会的なことでのできごとが多いでしょう。

コツとしましては、冥王星の逆行期間はとにかく執着しないこと！　困ったことが起きたら変化のときと受け止めて、「じゃあ、これからどうしていくとよいのだろうか」と前向きに考えていくことが開運につながります。

＜冥王星逆行期間＞

2021年…… 4月28日～10月7日
2022年…… 4月30日～10月9日
2023年…… 5月2日～10月11日

MEMO

たまにはドーナツを

月のサイクルと新月のお願いごと

月のサイクルは、潮の満ち引き、月経周期のみならず、わたしたちの心と体にしっかりとリンクしています。月のサイクルを意識して取入れていくことで、本当の自分を取り戻しやすくなりますし、月は健康にもリンクしているので体調も整いやすくなります。

そして、月は潜在意識でもあります。潜在意識に入った願いは、自動的に叶うことになっています。新月のときは、月は完全に吸収体制になるので、願いをインストールさせるのにとても適しています。心と体のリズムと、月のサイクルがうまくリンクできるようになって、軌道に乗ってくると、今までなかなか叶わなかったことが、あるときすごい勢いで叶い始めたりします。

新月から満月は、約14日間しかないので、まずは、目先の目標や願いを、階段を上がるようにひとつずつ叶えていくと、自分でもわかりやすいでしょう。

また、一度願いが叶い出すと、月は記憶装置でもあるので、自動的にそのコツを掴んでくれるようになります。新月で目標を設定すると、満月で叶うというのが一般的ですが、気がつくと、それが早まっていきます。前倒しで叶うのです。

✷ 月のサイクル

まずは、月のサイクルと過ごし方からご紹介していきましょう。

● 新月（しんげつ）

願いをかけるときです。また、物ごとをスタートさせたり、目標を設定したりすることが、とってもオススメです！新しいお財布を使い始めるのもGOOD。

◐ 上弦の月（じょうげん）

新月から、７日後くらいで半月の上弦の月になります。新月から始めたことを、ここで一度見直したり、改良したり、軌道修正をしたりしていくと、その後の流れがよくなります。

◯ 満月

新月から14日後くらいに満月になります。新月から始めたことが、いったんここで結果が見えてきます。それに伴い、これからの方向性も考慮していくといいでしょう。

◐ 下弦の月

満月から7日後くらいに半月の下弦の月になります。この時期は、余分なものを手放していくことで､次の新月のサイクルがより充実したものになります。増やすより減らしていくことを意識するといいでしょう。株は売りどきです。

また、見直さなければならないことを、見て見ぬふりをしていると、ここでショッキングなできごとが起こりやすいです。しかしながら、それが起こることで、軌道のズレが修正されるので、決して悪いことではありません。

◉ 日食と月食

日食はスペシャルな新月です。日食前後は、大きな運の流れの切り替えがあります。数か月～１年間のひとつの流れが終わって、新しい流れが始まるのです。日食へのお願いごとは、いつもより長期的なことや大きいことを意識して行なうといいでしょう。

月食はスペシャルな満月です。数か月～１年くらいの、何かしらの結果が現れます。それは、想像以上のものであったり、意外なものだったりするかもしれません。

2021年		2022年		2023年	
5月26日	皆既月食	5月1日	部分日食	4月20日	金環皆既日食
6月10日	金環日食	5月16日	皆既月食	10月15日	金環日食
11月19日	部分月食	10月25日	部分日食	10月29日	部分月食
12月4日	皆既日食	11月8日	皆既月食		

✷ 新月とは？

地球から見て、太陽と月が同じ方向で重なり合って見える状態です。そうすると、太陽の光は、地球から見たときに、月の裏側を照らすことになるので、地球から見たときの月面が影になり、月が見えない状態となります。これが新月です。

「星座で新月が起こる」とよく表現されますが、具体的にどういう状況かと言いますと、まず、太陽の通り道である軌道を、牡羊座、牡牛座、双子座、蟹座、獅子座、乙女座、天秤座、蠍座、射手座、山羊座、水瓶座、魚座の12星座で、ケーキを切るように範囲を分けます。そして、ちょうどその星座に分けられた部分で、新月になったということです。

月は、誰しも無意識に影響します（毎回、新月が起こる星座の影響を、誰もが受けます。ここで、自分の星座はいったん置いておいてください）。

月というのは、約2.5日でひとつの星座を移動します。

※占星術では星座は本来サインと言いますが、この本では星座で統一しています。

✷ 新月へのお願いのしかた

ここからは、新月が起こる場所や星座の意味合いを加味して、リンクしやすいお願いごとと、願いを叶えやすい方法をご紹介していきます。

まず、このノートに下記の手順でお願いごとを書き入れます。次に、新月のミラクルエネルギーをチャージさせるため、このノート（閉じた状態でOK）を1時間以上、月光浴（げっこうよく）、つまり月の光を浴びさせてください（窓ごしでもOK）。

① **ワクワクしながら書く**

② **「～ように」「～たい」ではなく、すでに叶っているような文章で書く。**そして後ろに感謝の言葉をつけ加えるとなおGOOD！

→**〇理想の相手に出会いました！ ありがとうございます。**

→**×理想の相手に出会いたい！**

③ **新月になってから48時間以内がオススメ**

④ **月光浴を1時間以上行なう**

以上です。簡単ですね。

✴ 12星座別 オススメのお願いごと

どの星座で新月になるかによって、実はより叶いやすい願いごとというのがあります。もちろん、心から願うことを自由にお願いしても大丈夫です。参考までにご紹介しておきます。

牡羊座	勝負ごとやスタートに関するお願いがオススメ。
牡牛座	お金や才能、または欲しいものに関するお願いがオススメ。
双子座	勉強や旅行に関するお願いがオススメ。
蟹座	家族や不動産に関するお願いがオススメ。
獅子座	子どもや自己実現に関するお願いがオススメ。
乙女座	健康や仕事に関するお願いがオススメ。
天秤座	恋愛や結婚、人間関係に関するお願いがオススメ。
蠍座	問題解決やお金に関するお願いがオススメ。
射手座	海外やグレードアップに関するお願いがオススメ。
山羊座	ビジネスに関するお願いがオススメ。
水瓶座	友人関係や理想の未来に関するお願いがオススメ。
魚座	心の中にあるお願いならオールOK！

✴2021年〜2023年の新月・満月早見表

次に、2021年〜2023年の新月・満月を記載しておきますので、参考にしてください。

2021年

新月			満月		
山羊座の新月	1月13日	14：00	獅子座の満月	1月29日	04：17
水瓶座の新月	2月12日	04：06	乙女座の満月	2月27日	17：18
魚座の新月	3月13日	19：21	天秤座の満月	3月29日	03：49
牡羊座の新月	4月12日	11：31	蠍座の満月	4月27日	12：32
牡牛座の新月	5月12日	04：00	射手座の満月	5月26日	20：15
双子座の新月	6月10日	19：53	山羊座の満月	6月25日	03：40
蟹座の新月	7月10日	10：17	水瓶座の満月	7月24日	11：37
獅子座の新月	8月8日	22：50	水瓶座の満月	8月22日	21：03
乙女座の新月	9月7日	09：52	魚座の満月	9月21日	08：55
天秤座の新月	10月6日	20：05	牡羊座の満月	10月20日	23：57
蠍座の新月	11月5日	06：15	牡牛座の満月	11月19日	17：58
射手座の新月	12月4日	16：43	双子座の満月	12月19日	13：36

2022年

新月			満月		
山羊座の新月	1月3日	03：35	蟹座の満月	1月18日	08：50
水瓶座の新月	2月1日	14：47	獅子座の満月	2月17日	01：58
魚座の新月	3月3日	02：36	乙女座の満月	3月18日	16：19
牡羊座の新月	4月1日	15：26	天秤座の満月	4月17日	03：56
牡牛座の新月	5月1日	05：29	蠍座の満月	5月16日	13：15
双子座の新月	5月30日	20：31	射手座の満月	6月14日	20：53
蟹座の新月	6月29日	11：53	山羊座の満月	7月14日	03：39
獅子座の新月	7月29日	02：56	水瓶座の満月	8月12日	10：37
乙女座の新月	8月27日	17：18	魚座の満月	9月10日	19：00
天秤座の新月	9月26日	06：56	牡羊座の満月	10月10日	05：56

蠍座の新月	10月25日	19：50	牡牛座の満月	11月08日	20：03
射手座の新月	11月24日	07：58	双子座の満月	12月8日	13：09
山羊座の新月	12月23日	19：18			

2023年

新月			満月		
			蟹座の満月	1月7日	08：09
水瓶座の新月	1月22日	05：54	獅子座の満月	2月6日	03：30
魚座の新月	2月20日	16：07	乙女座の満月	3月7日	21：42
牡羊座の新月	3月22日	02：24	天秤座の満月	4月6日	13：36
牡羊座の新月	4月20日	13：14	蠍座の満月	5月6日	02：24
牡牛座の新月	5月20日	00：54	射手座の満月	6月4日	12：43
双子座の新月	6月18日	13：38	山羊座の満月	7月3日	20：40
蟹座の新月	7月18日	03：33	水瓶座の満月	8月2日	03：33
獅子座の新月	8月16日	18：39	魚座の満月	8月31日	10：37
乙女座の新月	9月15日	10：41	牡羊座の満月	9月29日	05：15
天秤座の新月	10月15日	02：56	牡牛座の満月	10月29日	05：15
蠍座の新月	11月13日	18：29	双子座の満月	11月27日	18：17
射手座の新月	12月13日	08：33	蟹座の満月	12月27日	09：34

さらに+α! 2021年～2023年の上弦・下弦の月早見表

	2021年		2022年		2023年	
1月	6日 下弦◑	21日 上弦◐	10日 上弦◐	25日 下弦◑	15日 下弦◑	29日 上弦◐
2月	5日 下弦◑	20日 上弦◐	8日 上弦◐	24日 下弦◑	14日 下弦◑	27日 上弦◐
3月	6日 下弦◑	21日 上弦◐	10日 上弦◐	25日 下弦◑	15日 下弦◑	29日 上弦◐
4月	4日 下弦◑	20日 上弦◐	9日 上弦◐	23日 下弦◑	13日 下弦◑	28日 上弦◐
5月	4日 下弦◑	20日 上弦◐	9日 上弦◐	23日 下弦◑	12日 下弦◑	28日 上弦◐
6月	2日 下弦◑	18日 上弦◐	7日 上弦◐	21日 下弦◑	11日 下弦◑	26日 上弦◐
7月	2日 下弦◑	17日 上弦◐	7日 上弦◐	20日 下弦◑	10日 下弦◑	26日 上弦◐
	31日 下弦◑					
8月	16日 上弦◐	30日 下弦◑	5日 上弦◐	19日 下弦◑	8日 下弦◑	24日 上弦◐
9月	14日 上弦◐	29日 下弦◑	4日 上弦◐	18日 下弦◑	7日 下弦◑	23日 上弦◐
10月	13日 上弦◐	29日 下弦◑	3日 上弦◐	18日 下弦◑	6日 下弦◑	22日 上弦◐
11月	11日 上弦◐	27日 下弦◑	1日 上弦◐	16日 下弦◑	5日 下弦◑	20日 上弦◐
			30日 上弦◐			
12月	11日 上弦◐	27日 下弦◑	16日 下弦◑	30日 上弦◐	5日 下弦◑	20日 上弦◐

もっと自分を出して!

Column

新月からの1か月の過ごし方

　月のサイクルにあわせて、次のようなことを意識していくと、願いごとを叶えやすくなるのはもちろん、ぐっと運を引き寄せられますよ！　ここでいう星座は、あなたの星座のことではなく、新月がどの星座のところで起きているか、です。なので、みなさん全員に当てはまることなので、意識してみてくださいね。

＜牡羊座新月＞

「これだ！」と思ったら、即行動していきましょう。牡羊座新月の期間は、直感が優れていて、「ビビビッ」といろいろ降りてきます。それらは、とても重要なメッセージです。

　牡羊座新月の期間は、頭や目がポイントになります。頭のツボや目のツボを押してみたり、頭皮マッサージやスカルプケアなどをしてみると、とてもすっきりして、新しく物ごとを始めたり、行動力が増したりするのでオススメです。

＜牡牛座新月＞

　五感（味覚、触覚、視覚、聴覚、臭覚）を意識しながら、おいしいものを食べたり、アロマを楽しんだり、肌ざわりのよい布団などに包まれてみましょう。すると、とても心地よくなり、心が満たされて、本来のあなたを取り戻せます。

　牡牛座新月の期間は、のどや首がポイントになります。首のマッサージをしたり、のどが痛くなったら、マヌカハニーのハチミツをなめたりして、体を労わりましょう。

＜双子座新月＞

「なんか気になる！」これが大事な心のサイン。双子座は文字の通り双子です。あなたの中の二面性、または２人が、いろんな経験をしたがっています。ですので、自分が楽しいと感じることに素直に反応して行動しましょう。この時期の経験は、これからのあなたの素敵な未来の土台をつくっていきます。

双子座新月の期間は、腕、肩、肺がポイントになります。鼻から大きく息を吸って、ゆっくり細く長く口から息を吐きましょう。同時に、肩や腕の力が抜けていくようにすると、とてもリラックスできます。

＜蟹座新月＞

あなたにとって、愛する“対象”は何でしょうか？　その対象を大切にしてください。一緒に素敵な時間を過ごしたり、相手を思いやる言動をしたりして、愛をどんどん与えて、感じて、育てて、使っていきましょう。愛は、使っても使っても湧いて出てきます。

蟹座新月の期間は、胃袋がポイントになります。おいしいものを、大好きな人と一緒に食べましょう。誰と食べるかが最も大事です。胃が疲れている人は、ファスティングや断食をしてみるのもオススメ。

＜獅子座新月＞

幼かったあの頃のように、ありのままの自分を堂々と表現していくと、チャンスを掴(つか)みやすくなります。さらに、どうすれば自分に関わる人が驚き、喜び、笑顔になるか？　ということを意識して自分を出していくと、あなたも周りもどんどん幸せになっていきます。

獅子座新月の期間は、心臓と背中がポイントになります。体全体に、新鮮な栄養が行き届くように、血流をよくしましょう。適度な運動をしたり、こった背中はストレッチやマッサージをしたりすると運気UP！

＜乙女座新月＞

周りの人、モノ、仕事、部屋などを整理整頓していくことが運気UPの秘訣。キレイにすればするほど、いい運が流れ込んできます。また、つい人のために行動しがちですが、まずは、自分のために行動を。自分が整えば、周りも自然といい状態になっていきます。

乙女座新月の期間は、腸がポイントになります。便秘や下痢になりやすい人は、この機会に、食生活を見直してみましょう。また、乙女座は健康全般の意味合いもありますので、いろいろ自分の体に目を向けてみるといいでしょう。

＜天秤座新月＞

この時期は、あなたの心が開いていれば、新しい人や新しい情報が、どんどん飛び込んできます。その開運ポイントとなるのが「オシャレ」。メイクやファッションなど、いつもより気合を入れて外出を。特に素敵な靴を履(は)いて行くと、素敵な人と巡り合いやすくなります。

天秤座新月の期間は、腰、美肌がポイントになります。腰痛になりやすい人は、ストレッチをしたり、整体に行ったりして、腰の筋肉をほぐしましょう。また、肌を美しく保つと運気ＵＰ。保湿やツヤ肌を意識してケアしていきましょう。

＜蠍座新月＞

モヤモヤしたままのことや、心の中に抑(おさ)え込んでいることはありませんか？　心の中で思っていたことや、我慢(がまん)していたことなどがあれば、この期間にその気持ちを共有したり、吐き出したりして、感情のデトックスをすると、新たな段階に進むことができます。言いにくいことほど、しっかり話し合うと GOOD！

蠍座新月の期間は、生殖器(せいしょくき)がポイントになります。性についてパートナーと話し合うのもいい機会でしょう。また、女性は子宮を温めたり、子宮と関係する手首、足首、首など、首がつくところも、冷やさないようにしてあげましょう。

＜射手座新月＞

ルールに縛られず、適度に自由な環境にいることで幸運を掴みます。また、旅行をすることで運の流れがよくなります。行くのが難しい場合は、行きたい場所の食べ物や飲み物、グッズなどを取り寄せたりするだけでも OK！

射手座新月の期間は、大腿部(だいたいぶ)や肝臓(かんぞう)がポイントになります。お尻から太ももにかけてマッサージしてもらうのもいいでしょう。また、乱れた食生活は肝臓を疲れさせるため、規則正しい生活を心がけて。

<山羊座新月>

やりたくないことを明確にすることで、やりたいことが明らかになっていきます。また、山羊座新月は、無駄なものを省いていくという意味合いもあるので、「これは余分だな」と思うことがあれば、手放していくことで開運します。

山羊座新月の期間は、歯、爪、骨、皮膚がポイントになります。虫歯がある人は、この時期に治療を始めましょう。デンタルケアもこまめに行なうのが◎。また、カサカサになった乾燥肌は運が逃げていくので、クリームやオイルなどで保湿を。とくにひざやかかとなど乾燥しやすい部分を入念に。

<水瓶座新月>

依存や執着をせず、また人と比較したりせずに、「わたしはわたし！あなたはあなた！」と自立している状態が幸運を掴みます。また、人とは違う部分が、魅力的に輝き、素敵な人や素敵な未来を引き寄せます。

水瓶座新月の期間は、ふくらはぎやリンパがポイントになります。冷え症の人は、とにかく、足首を冷やさないように工夫を。また、全体的に疲れていたり、足が重いと感じたりする場合は、リンパマッサージを施(ほどこ)して、全身の老廃物を流してあげるといいでしょう。

<魚座新月>

いろいろ全部をひっくるめて、必要なものと、そうでないものを見極めていきましょう。魚座はとっても優しいサインです。いろんな人、モノ、状況をきちんと見てあげて、拾い上げていきます。また、芸術に親しんだり、スピリチュアルな本を読んだり、体験したりするのもいいときです。

魚座新月の期間は、足裏がポイントになります。ぜひ、この期間は足裏マッサージを重点的に行ないましょう。アロマも使うと、とってもリラックスできますよ。また、かかとの角質もしっかりケアしてあげましょう。

色のパワーを使ってどんどん開運！

色にはパワーがあって、それぞれの運を高めてくれます。

カラーセラピーやオーラソーマ、チャクラ、風水、パワーストーン……など、世の中には色の持つ意味やパワーが使われてるものも多くあります。

この色が持つ意味やパワーを知ることで、必要に応じて身につけたり、眺めたり、その色のものに囲まれた生活をしたりしていくと、運をどんどん引き寄せることができます。

下記にご紹介する色とその効果を参考に、「自分で作るダイアリー」、「宇宙注文シート」、「曼荼羅塗り絵」などを、あなたがピンときた色や好きな色を使って作ってみてください。

あなたがグッとくる色を使うことが、いちばん大事!!!

もちろん、どこか好きなところに、好きな色を入れるだけでいいんですよ。

いろんな色を楽しく使ってくださいね。

ゴールド	金運、仕事、次元上昇
シルバー	カリスマ性、芸術
ピンク	恋愛、結婚、美、トキメキ
濃いピンク	引き寄せ、豊かさ、魅力
ライトブルー（水色）	コミュニケーション、表現、自由
ブルー	知性、神秘、冷静
グリーン	健康、癒し、平和
イエロー	個性、面白さ、クリエイト、幸せ
レッド	元気、活力、リーダー
オレンジ	明るさ、楽しさ、自信
クリーム色（ベージュ）	優しさ、リラックス
パープル	神聖さ、スピリチュアリティー
ブラウン	育てる、安定、継続
ホワイト	浄化、許し、解放
ブラック	守護、土台を固める

アイディアを出し合ってみよう

石のパワーを使ってどんどん開運！

石にはたくさんの意味があります。
代表的な石と、その意味をちょこっとだけご紹介いたします。

アクアマリン	パートナーとの心のつながりを強める
アマゾナイト	悩みが次々に解決する
アメジスト	物ごとの流れがスムーズになる
アメジストエレスチャル	ポテンシャルを最大限に引き出す
アメトリン	眠っている能力が開花する
アンバー（琥珀）	金運と健康運を高める
インカローズ（ロードクロサイト）	運命の相手を引き寄せる
エメラルド	眠っている才能を引き出す、恋愛・結婚運を高める
オパール	魂を解放し、幸運パワーを引き寄せる
ガーネット	成功へ導いてくれる
カイヤナイト	問題の原因を解明できて心が楽になる
ガーデンクオーツ	茶色系は創造力 UP と不動産運に GOOD、緑色系は精神的安らぎ
ギベオン（隕石）	宇宙からのメッセージを受け取る
クリソコラ	精神のバランスを整えて人間関係を豊かにする
クリソプレーツ	新しい才能を引き出してくれる
黒水晶	魔除け
クロムダイオプサイト	精神安定、安眠
クンツアイト	直観力と創造力を高めてくれる
コーラル（珊瑚）	子宝、産後のお守り、財運 UP
コンドライト（隕石）	自己大変革
サファイア	周りから信頼される
シトリン	金運、仕事運を高める
水晶	浄化 & マイナスをプラスに転換

スギライト	マイナスエネルギーから守る、ヒーリングパワー最強
スファレライト	運気が一気に上昇
スモーキークオーツ	負のエネルギーから守る
ターコイズ	自己実現力 UP、新しい自分を発見
ダイヤモンド	存在感を高める、オーラが輝く
タンザナイト	周波数が高く、成功へ導いてくれる
チャロアイト	無価値感や罪悪感を取り払って精神性を強化
パール	女性の魅力を最大限に引き出す
パライバトルマリン	負のエネルギーからしっかり守る
ヒスイ（翡翠）	人徳を高める、健康のお守り
ピンクオパール	愛される力を高める
ピンクトルマリン	素敵な人を引き寄せる、モテ運 UP
ファントム水晶	どんどんグレードアップ
ブラックスピネル	威風堂々としたオーラになる
ブラックルチルクオーツ	ビジネス運や勝負運を高めてスムーズな展開へサポート
ブルートパーズ	未来を見通す力を与えてくれる
ブルーレースアゲート	人間関係を良好にする
ペリドット	勇気と自信が湧いてくる
マラカイト	変化を手助けしくれる
ムーンストーン	感性が豊かになり、お金やチャンスを引き寄せる
モルガナイト	愛と癒しを降り注ぐ （アクアマリンとセットでつけると、結婚運上昇）
モルダバイト （隕石の衝撃でできた天然ガラス）	宇宙の高い波動とリンク
ラピスラズリ	幸運とチャンスを呼んでくれる
ラブラドライト	直観力が高まる、才能が開花する
ラリマー	マイナスの感情から自由を手に入れる
リビアングラス （隕石の衝撃でできた天然ガラス）	ヒーリングパワー炸裂
ルチルクオーツ	財運に最強
ルビー	必要な人やモノを引き寄せるパワーが強烈になる
ルベライト	個性がどんどん引き出される

キャファメーションで開運！

アファメーションとは、いい波動を出す練習です（ちなみに、わたしはアファメーションを「キャファメーション」と言っています）。あなたから、いい波動が出るようになれば、いいことがどんどん起こるようになります。

最初は、心の底から言えないと思うので、言葉にするだけで大丈夫です。慣れてきたら、本当にその気分を味わいながら言うようにしていきましょう。本当に心地よく感じるようになってきたら、しめたものです。

何度もくり返し、くり返し言葉にしていくことで、波動に違和感がなくなってきます。そうすると、言葉が現実化の準備に取りかかるようになるのです。

ぜひ、日常に取り入れていってください。

キャファメーションは、ご自身でも、どんどん作成していきましょう！

また作るときは、すでにそうなっていることをイメージできる文章にしてください。

たとえば、「～したい」「～ほしい」といった文章ですと、“今はそうではない”という状態を表すため、そのない状態がイメージされてしまいます。ですから、すでに手に入れている状態、すでに体感している状態の文章にしましょう。

→×**わたしは、お金持ちになりたい**
→○**わたしは、お金持ちです。あ～幸せ！**

こういった具合です。後ろに、「あ～幸せ」とか「ありがとう！」などを付け加えると、実感しやすくなります。

また、「わたし」とか「自分」という表現を入れたほうがより効果的です（入れないほうが文章がまとまる場合は入れなくてもOK）。

次に、いくつか例文をご紹介しますので、参考にしてみてください！

キャファメーション例文

わたしはいちいち幸せです。
わたしは想像もつかないほどツイています。
わたしはすべてがうまくいっています。
わたしは必要なものをすべて持っています。
わたしはすごく自由です。
わたしはみんなに信頼されています。
わたしはとても素敵な人生を歩んでいます。
わたしはとても豊かで幸せです。
わたしはお金を稼ぐことがとても楽しくて簡単です。
わたしは金運がすごくいいです。
なぜだかわからないけれど、わたしのもとにお金が無尽蔵（むじんぞう）に入ってきます。
わたしは好きなことをしているだけで、どんどん豊かになっていきます。
わたしの人生思い通りです！
わたしは日々あらゆることがよくなっています。
わたしはチャンスに恵まれています。
わたしはものすごく運がいい。
わたしは自分も人も許すことができます。
なぜだかわからないけれど、いいことばかりやってきます。
あ～今日も最高に幸せだな～！
すべては最高のタイミングでわたしのもとにやってきます。
わたしはすべてのできごとをチャンスに変えることができます。
わたしの願いは叶います。
わたしはものすごい価値があります。
わたしはカリスマ性があります。
わたしは毎日ものすごく楽しい。
わたしはいつでもうまくやることができます。
わたしの人生はあらゆることが自由自在です。
わたしの恋愛運は絶好調です。
みんなわたしと結婚したがっています！
わたしたちは両想いです。
わたしはみんなに愛されています。

わたしは素敵な仲間に恵まれています。
なぜだかわからないけれど、わたしはものすごく健康です。
わたしはすごく魅力的な人間です。
思ったよりも簡単だった！
結構余裕だった！
意外と簡単に手に入りました。
今日もわたしは絶好調！
逆によくなった！（逆にうまくいった！）
わたしは何があっても楽しめます。
すごくうまくいく予感がします。
次はわたしの番です。
わたしは願いが叶うスピードがやたら速い！
やばい！　大成功しちゃう！
わたしはとても健康でピチピチしています。
わたしはとってもカワイイ！
わたしは幸せです。健康だし、お金持ちだし、みんなから愛されています。
ワーイ、ワーイ！
わたしにもできる！
わたしは人生の魔法使いです。
大満足！！！
わたしはもう本当に大丈夫！！
本当にわたしはびっくりするくらいツイています。

宇宙注文シート＆ダイアリー

思考には磁石のように現実を引き寄せる力があるため、いつもあなたが思っていること、意識を向けていることが現実化しやすいのです。ですから、願いを込めながら書くと、叶いやすくなります。

42ページの色のパワーも参考に、運を高めたいカラーを使って書いてみてください。もちろん、何も考えずにビビビッときた色や好きな色を使って書くのもOK！“直感”も今のあなたに必要なヒントを与えてくれているので、自由に書いていきましょう。長く使えるよう、24か月分用意しています！

宇宙注文シートの使い方

願いをひたすら書いて、書いて、書きまくる!

シートには、「ありがとうございます!」という言葉が模様のように入っています。これは宇宙に対しての「叶えてくれてありがとう!」という感謝の言葉です。「キャファメーション」(45ページ)でもお伝えしましたが、“すでに体感している状態”を作り出すことで、いい波動が出て、現実になります。
なので、すでに願いが“叶っている状態”の文章で書くことが大事です。願いごとをサクサク書ける人はそのまま自由に、まだ何をどう表現していいかわからないという人は、キャファメーションを参考に書いてみましょう。書き続けていくうちに、自分の中から言葉がきっと出てくるようになりますよ。
また、より宇宙からパワーをいただくために、シートにはわたしたちに近い太陽系の10天体も入れています。ポジティブなイメージをもちながら、できるだけ具体的に書きましょう!

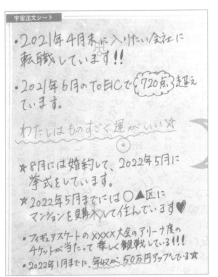

宇宙注文シート

・2021年4月末に入りたい会社に転職しています!!

・2021年6月のTOEICで720点超えています。

わたしはものすごく運がいい☆

☆8月には婚約して、2022年5月に挙式をしています。

☆2022年5月までには○▲区にマンションを購入して住んでいます♥

・フィギュアスケートのXXXX大会のアリーナ席のチケットが当たって楽しく観戦している!!!

・2022年1月までに、年収が50万円アップしている☆

【書き方例】

依存や執着は手放して

ダイアリーの使い方

① 年と月を書く

使い始める年と月を書いてみよう。毎月使ってもいいし、使いたい年月だけ書き込むのでもOK！

② 日付とその日の目標や願いごと、予定などを自由に書く

ダイアリーは週末の予定を管理しやすい月曜始まり。日付を○枠に記入すれば完成！
また、[　] 内には、その日の願いごとや達成したい目標、TODO（やること）、予定など、自由に記入しよう。願望は、具体的にすればするほど実現しやすいので、3つまで記入できる仕組みにしていますが、好きなだけ書いても◎。キャファメーションやその日引いた99の開運メッセージを書くのもオススメ！

③ 新月・満月などを記入

新月や満月も記入しておこう！　願いごとが叶いやすくなるほか、心と体のリズムもリンクしているので、意識しておくと過ごしやすくなるキャも☆

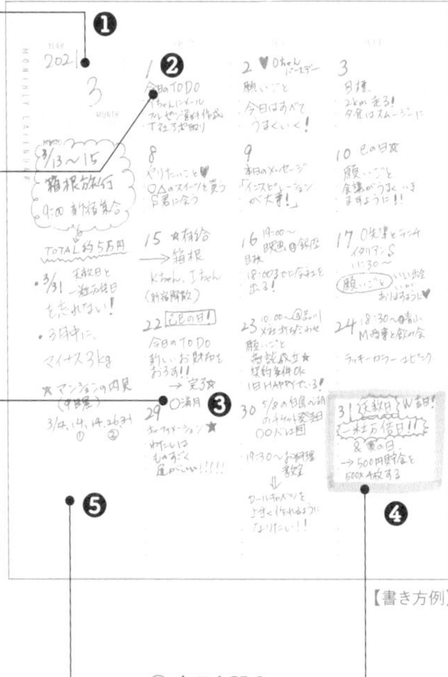

【書き方例】

④ 吉日を記入

吉日も記入しておこう。一粒万倍日、天赦日、寅の日……など、縁起のいいとされる日を味方につければ、願いがより叶いやすくなる！

⑤ MEMO は書きたいことを自由に！

特別な予定や願いごと、普段のメモなど、自由に活用しよう。気になるキーワードやよかったできごと、幸せに思ったことなどもOK。

One Point!

幸福感がアップする「スリー・グッド・シングス」という方法があります。やり方はとっても簡単で、「その日あったいいこと」を3つ書くだけ。「空がキレイだった」「ご飯がおいしかった」「店員さんに親切にしてもらった」「かわいいって言われた」など。いいことを書く、もしくは口にすると、思考がポジティブになり、それが開運につながります。

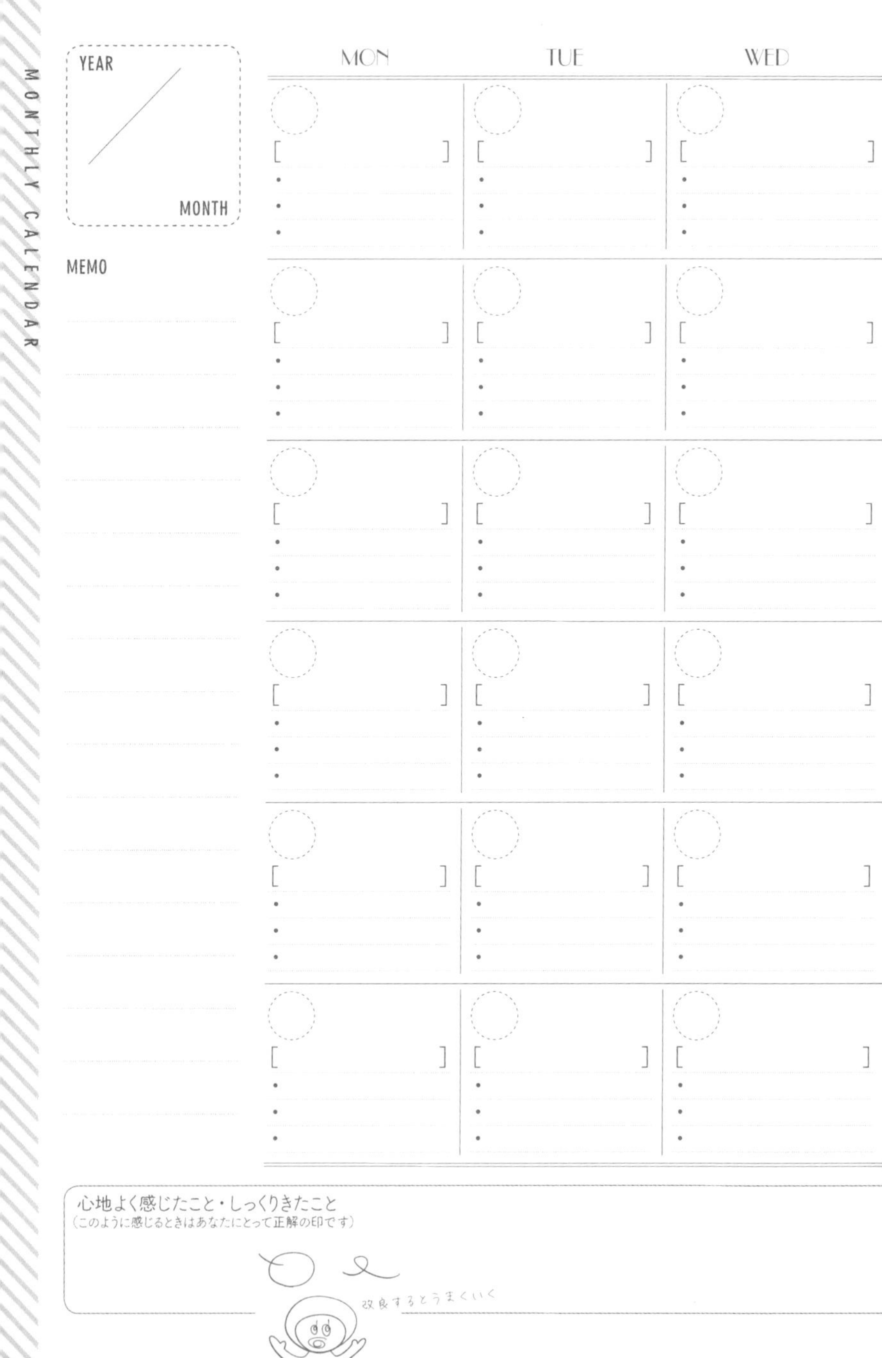
MONTHLY CALENDAR
YEAR
MONTH
MEMO
MON
TUE
WED
心地よく感じたこと・しっくりきたこと
（このように感じるときはあなたにとって正解の印です）
改良するとうまくいく

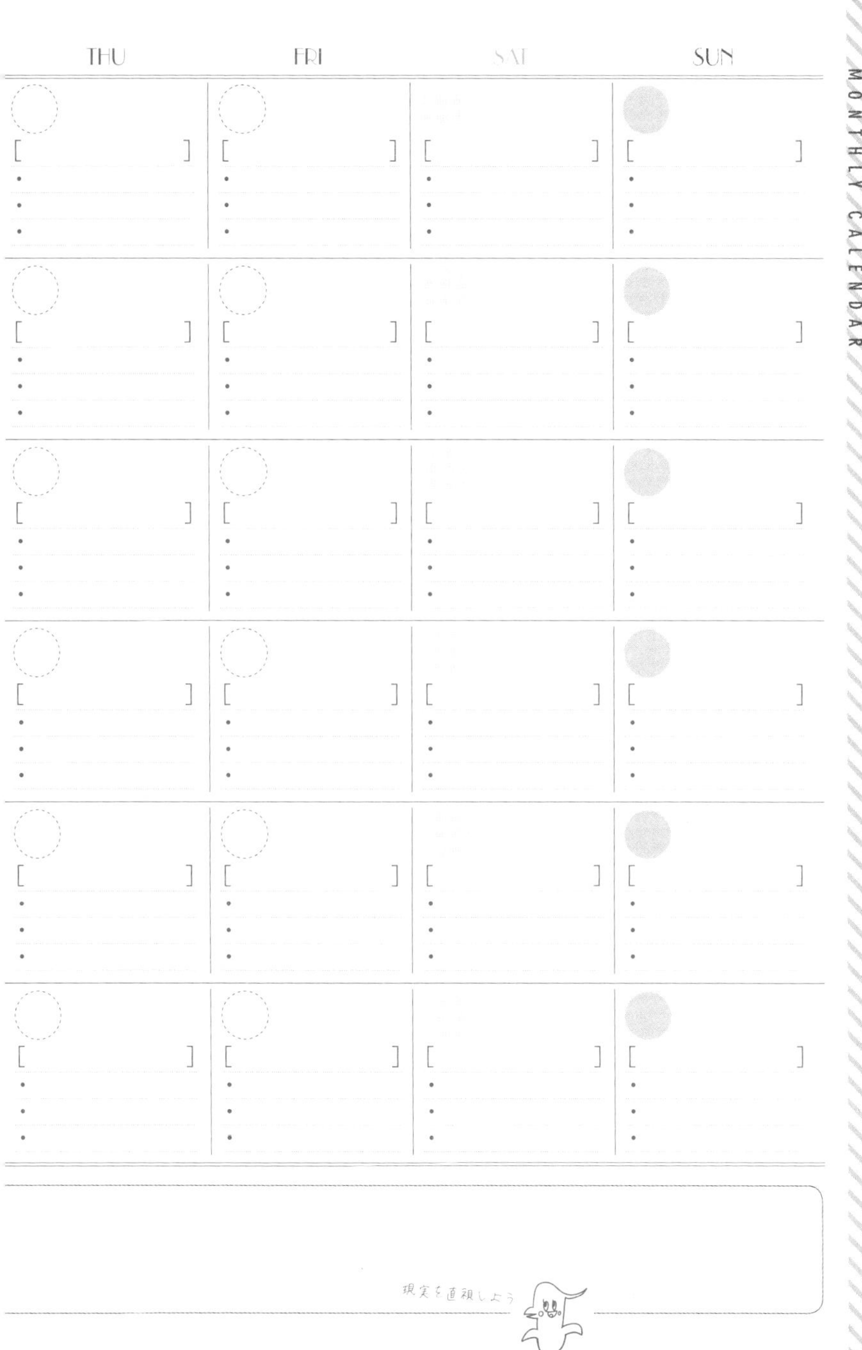
THU
FRI
SAT
SUN
MONTHLY CALENDAR
現実を直視しよう

宇宙注文シート

ありがとうございます！

MONTHLY CALENDAR
YEAR
MONTH
MEMO
MON
TUE
WED
心地よく感じたこと・しっくりきたこと
（このように感じるときはあなたにとって正解の印です）
お財布の中をキレイに！

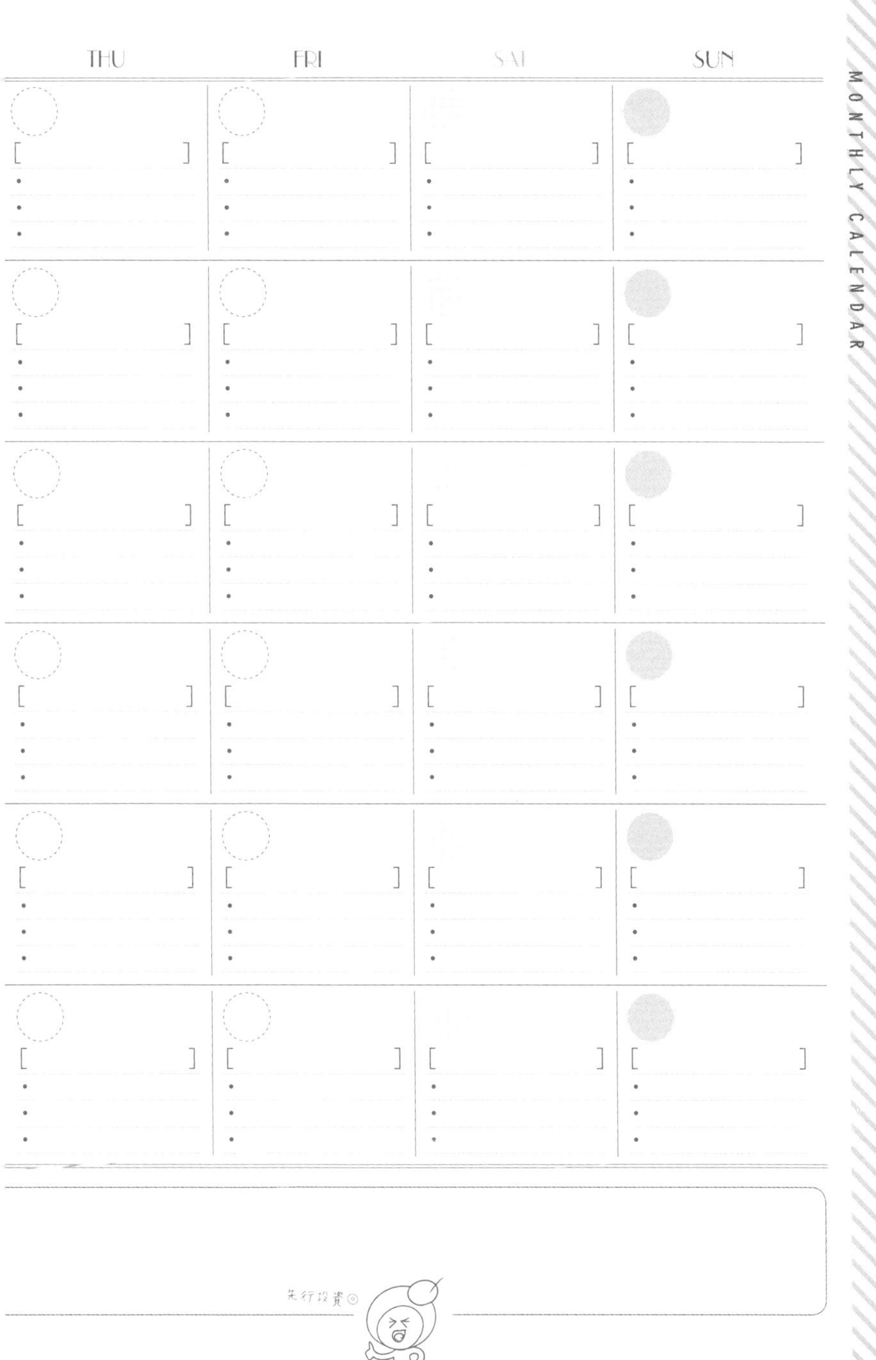
THU
FRI
SAT
SUN
MONTHLY CALENDAR
先行投資◎

宇宙注文シート

ありがとうございます！

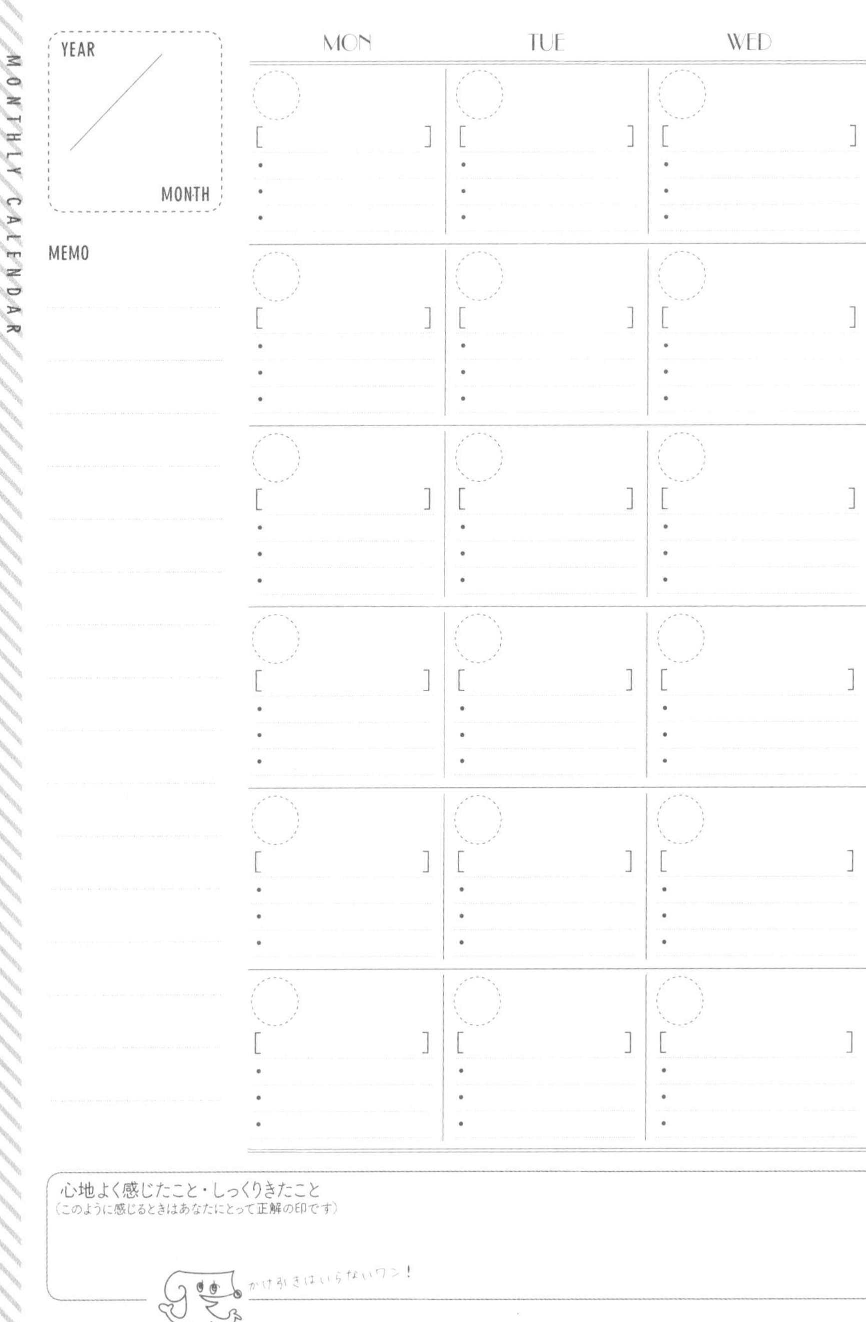
MONTHLY CALENDAR
YEAR
MONTH
MON
TUE
WED
MEMO
心地よく感じたこと・しっくりきたこと
（このように感じるときはあなたにとって正解の印です）
かけ引きはいらないワン！

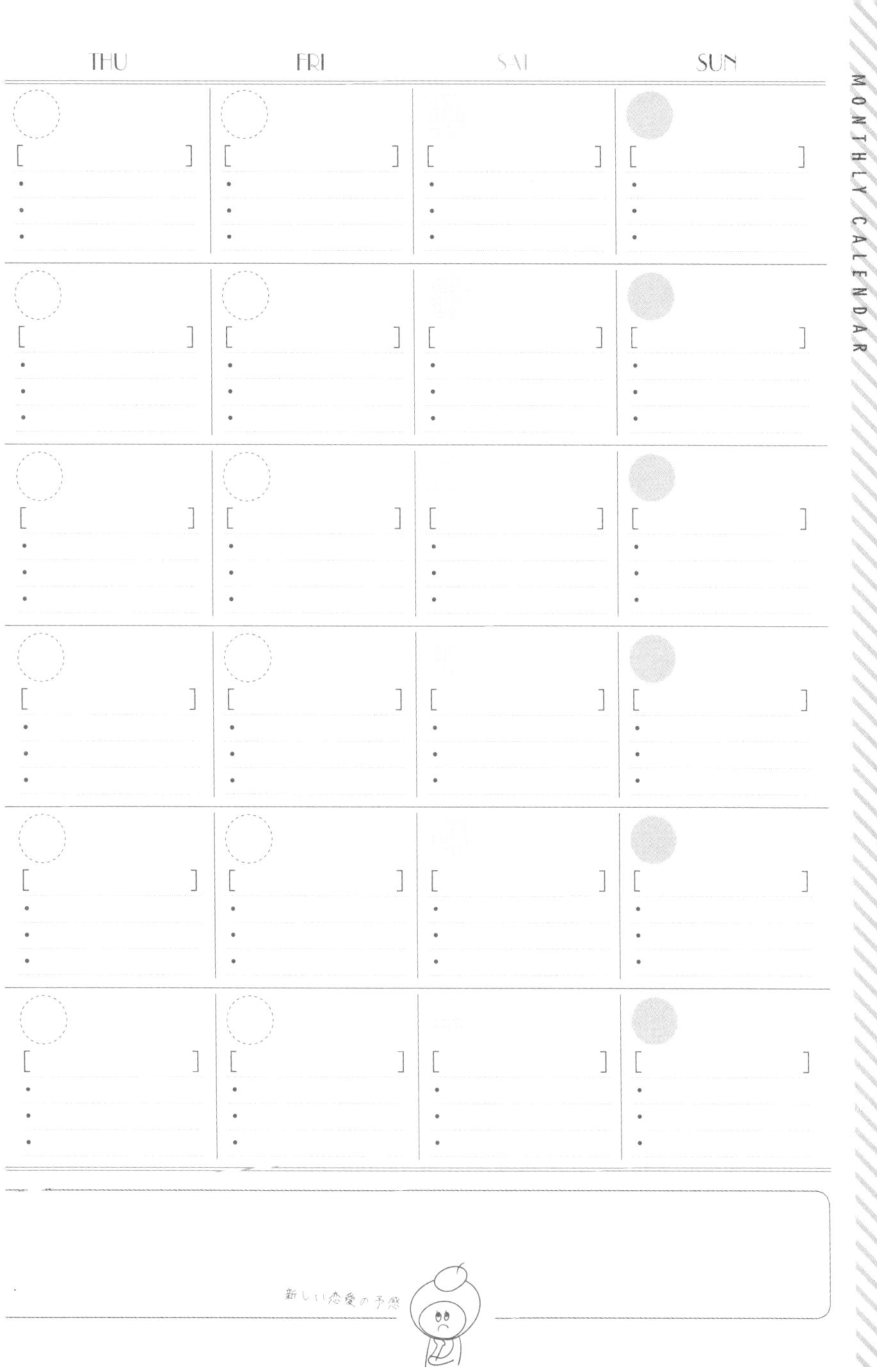
THU
FRI
SAT
SUN
MONTHLY CALENDAR
新しい恋愛の予感

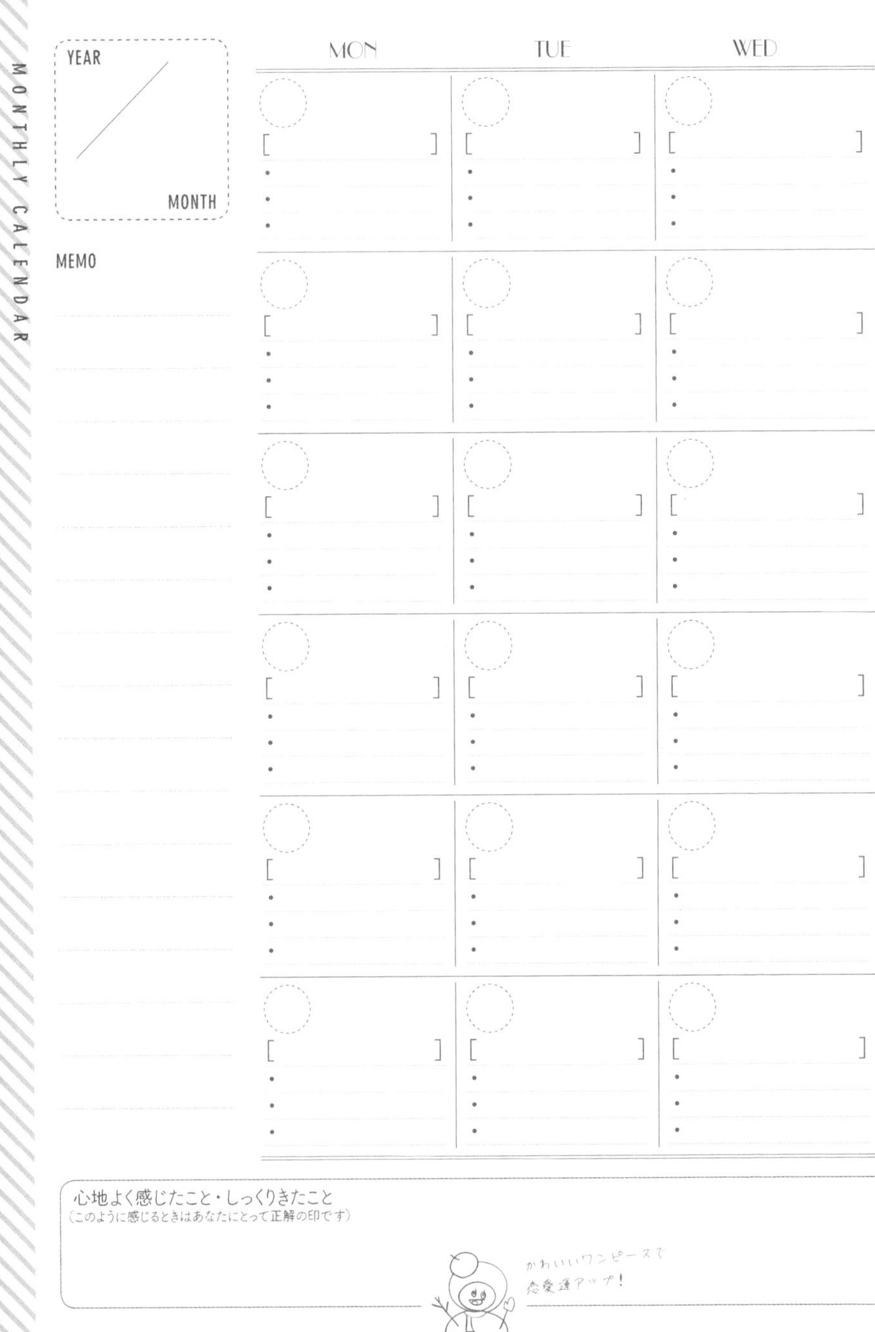

MONTHLY CALENDAR
YEAR
MONTH
MEMO
MON
TUE
WED
心地よく感じたこと・しっくりきたこと
（このように感じるときはあなたにとって正解の印です）
かわいいワンピースで
恋愛運アップ！

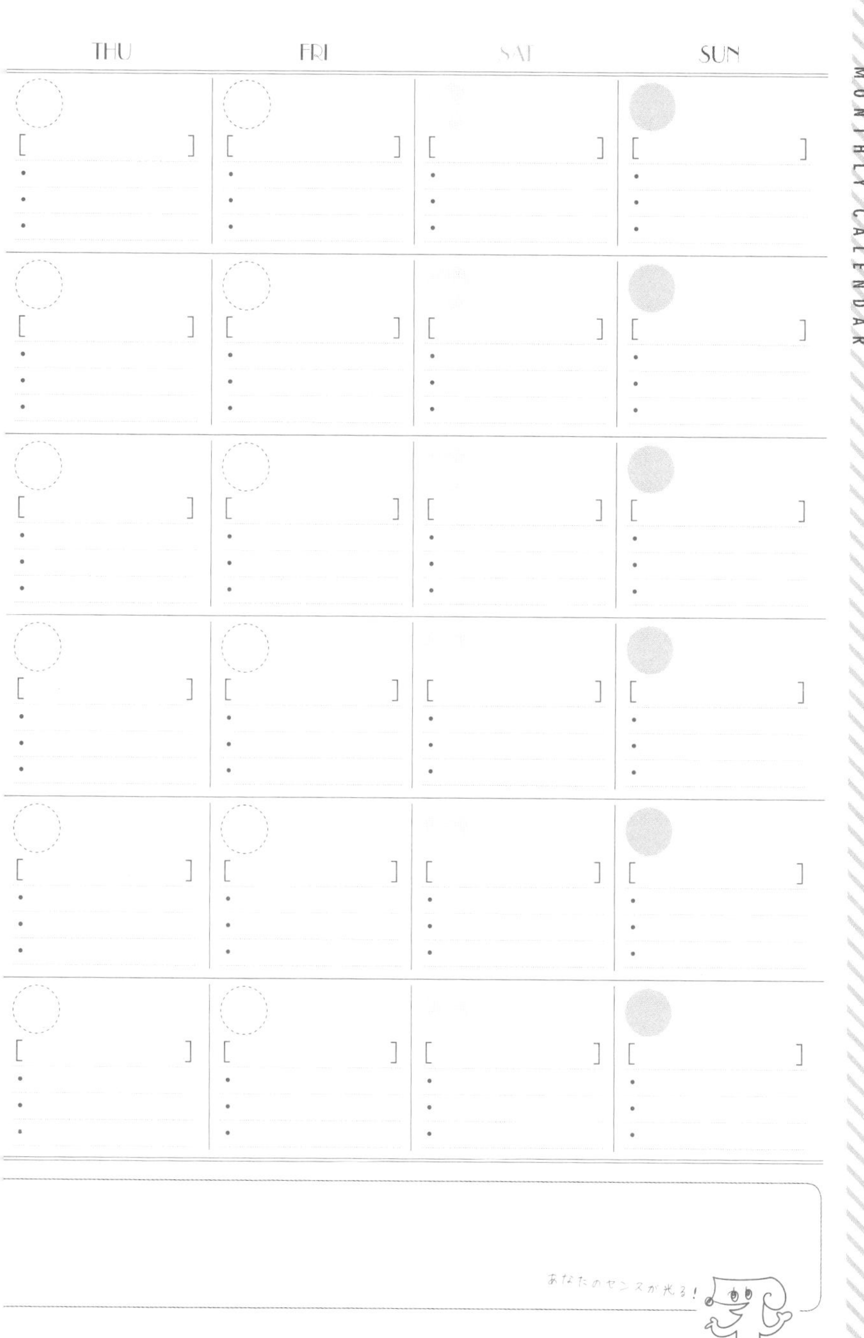
THU
FRI
SAT
SUN
MONTHLY CALENDAR
あなたのセンスが光る!

宇宙注文シート

ありがとうございます！

MONTHLY CALENDAR
YEAR
MONTH
MEMO
MON
TUE
WED
心地よく感じたこと・しっくりきたこと
（このように感じるときはあなたにとって正解の印です）
残りものには福がある

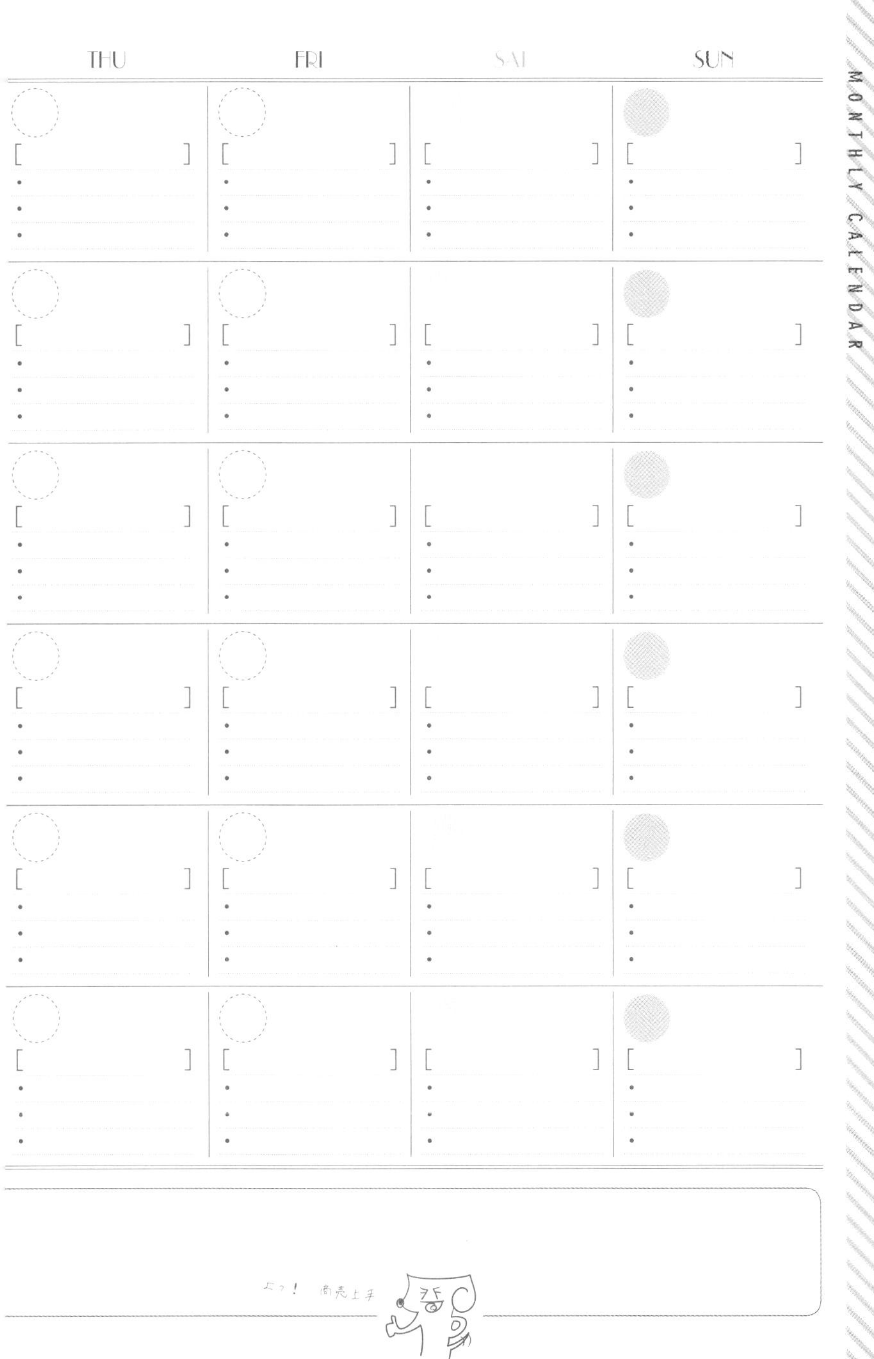
THU
FRI
SAT
SUN
MONTHLY CALENDAR
よっ！ 商売上手

宇宙注文シート

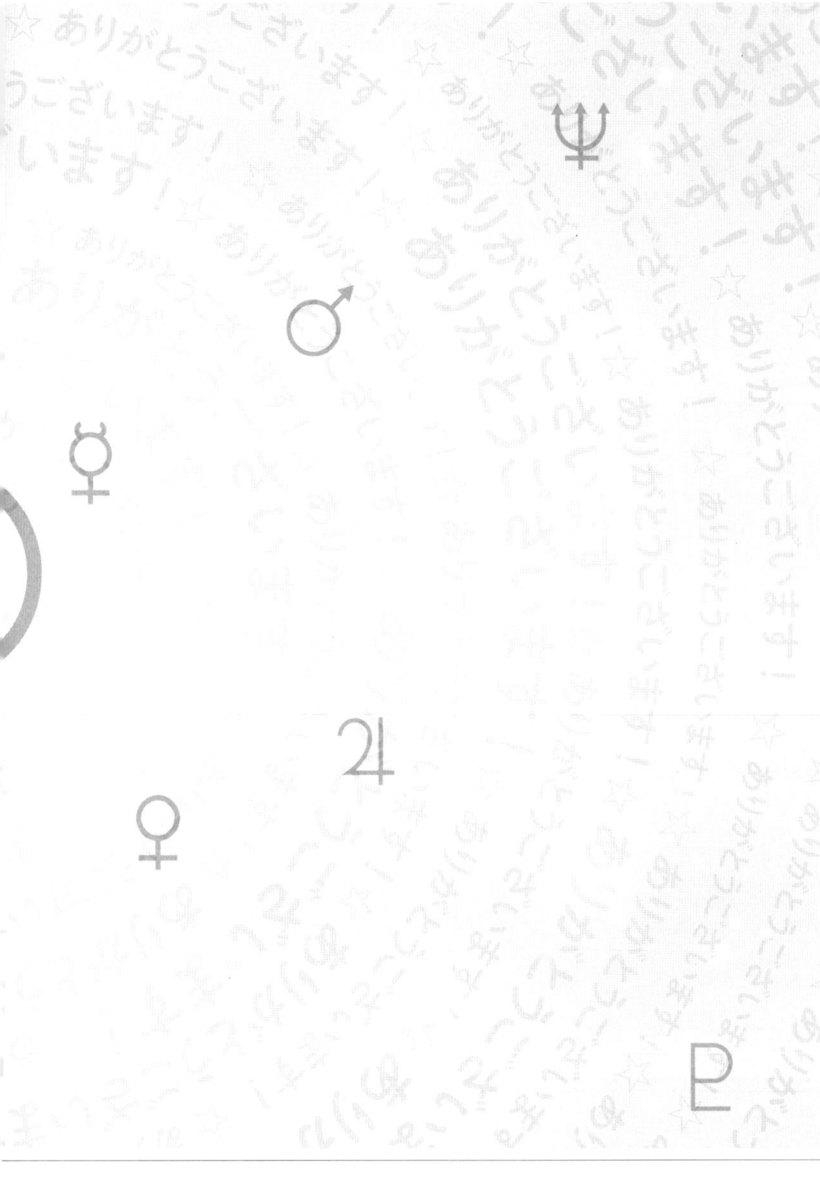
ありがとうございます！

MONTHLY CALENDAR
YEAR
MONTH
MEMO
MON
TUE
WED
心地よく感じたこと・しっくりきたこと
（このように感じるときはあなたにとって正解の印です）
花柄にツキあり

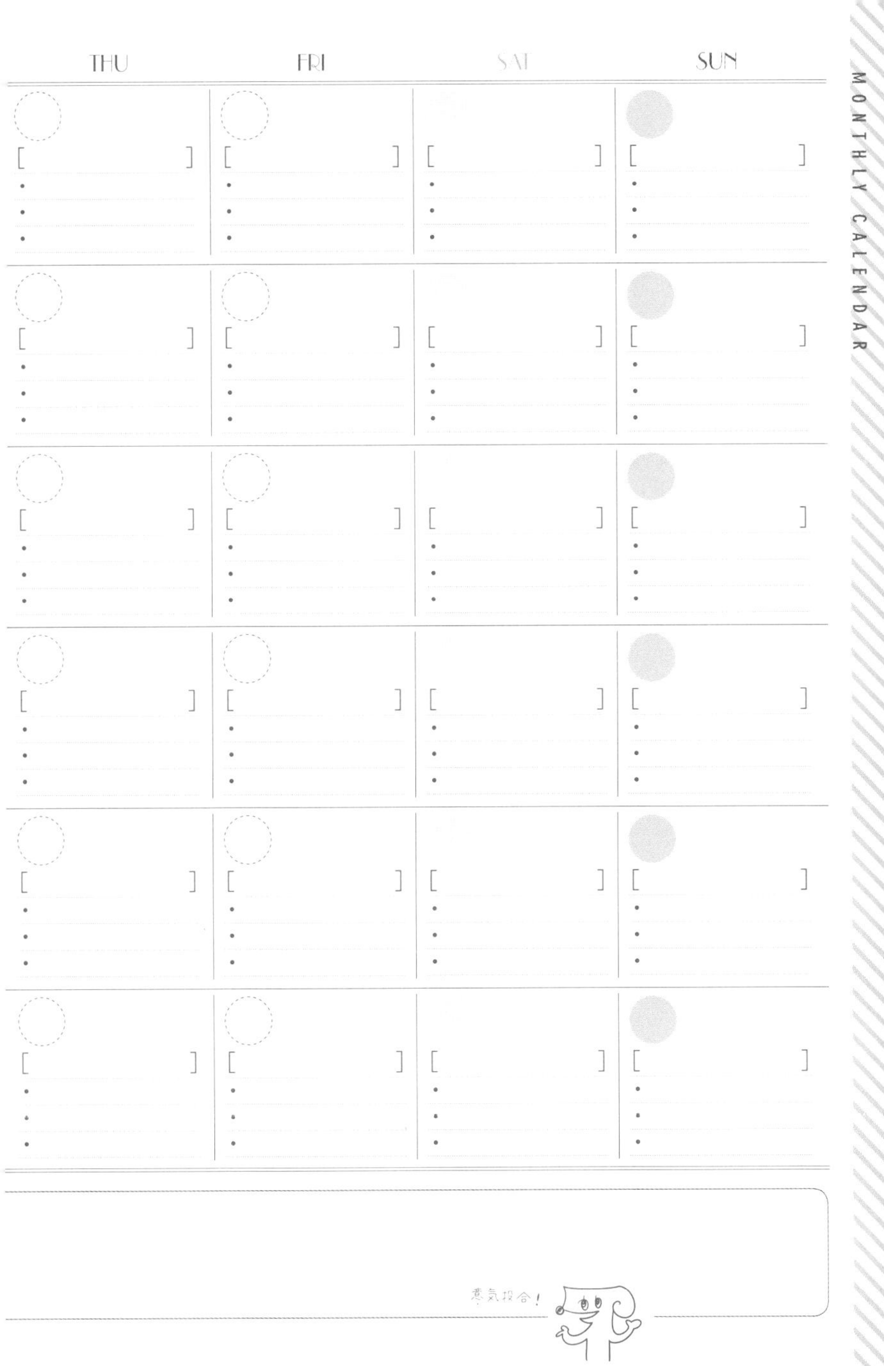
THU
FRI
SAT
SUN
MONTHLY CALENDAR
意気投合!

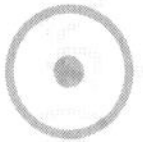

MONTHLY CALENDAR
YEAR
MONTH
MEMO
MON
TUE
WED
心地よく感じたこと・しっくりきたこと
（このように感じるときはあなたにとって正解の印です）
楽しそうならやってみよう

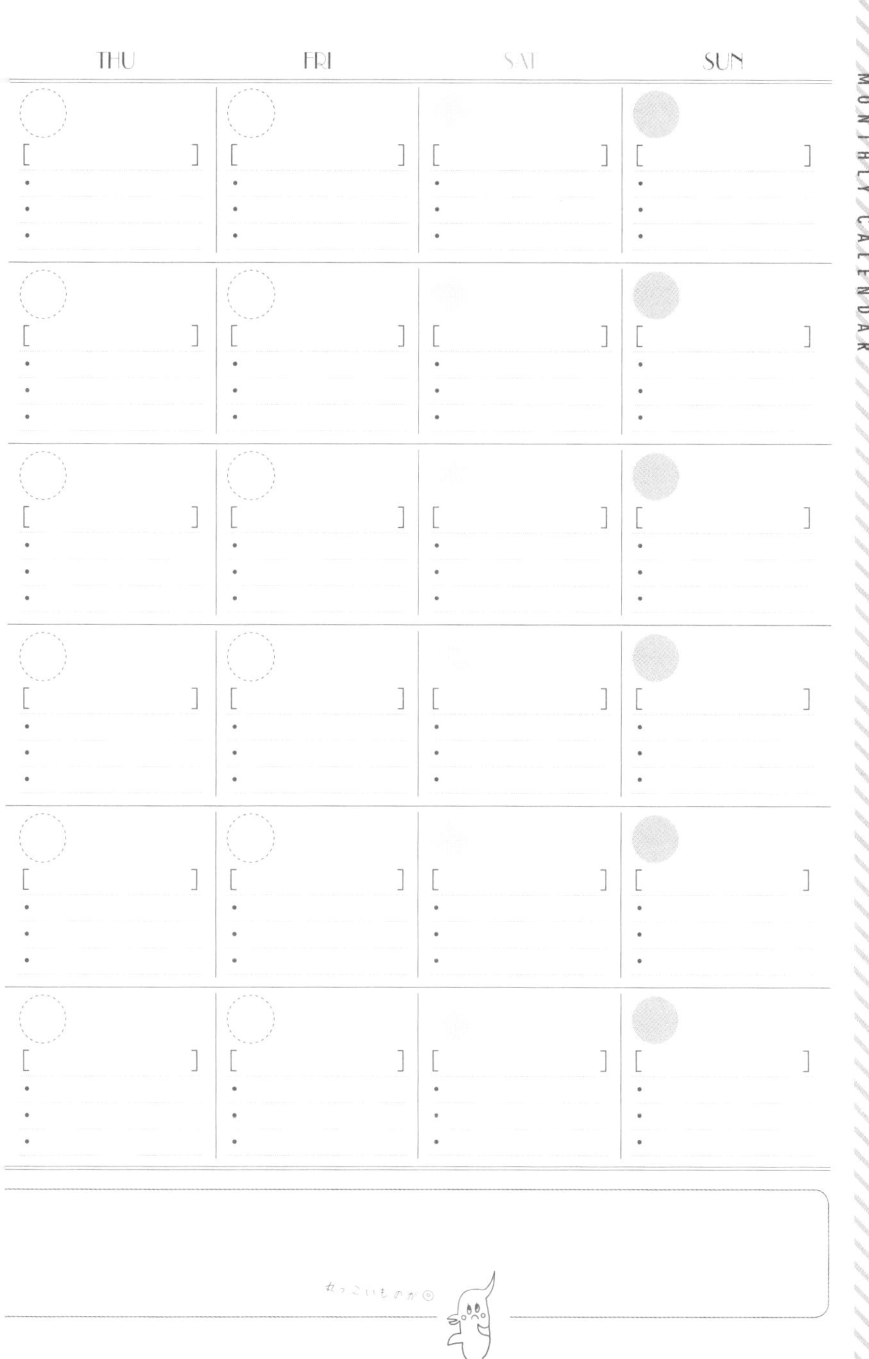
THU
FRI
SAT
SUN
MONTHLY CALENDAR
丸っこいものが◎

ありがとうございます！☆ありがとうございます！☆ありがとうございます！

MONTHLY CALENDAR
YEAR
MONTH
MEMO
MON
TUE
WED
心地よく感じたこと・しっくりきたこと
（このように感じるときはあなたにとって正解の印です）
ご飯デートがいいワン！

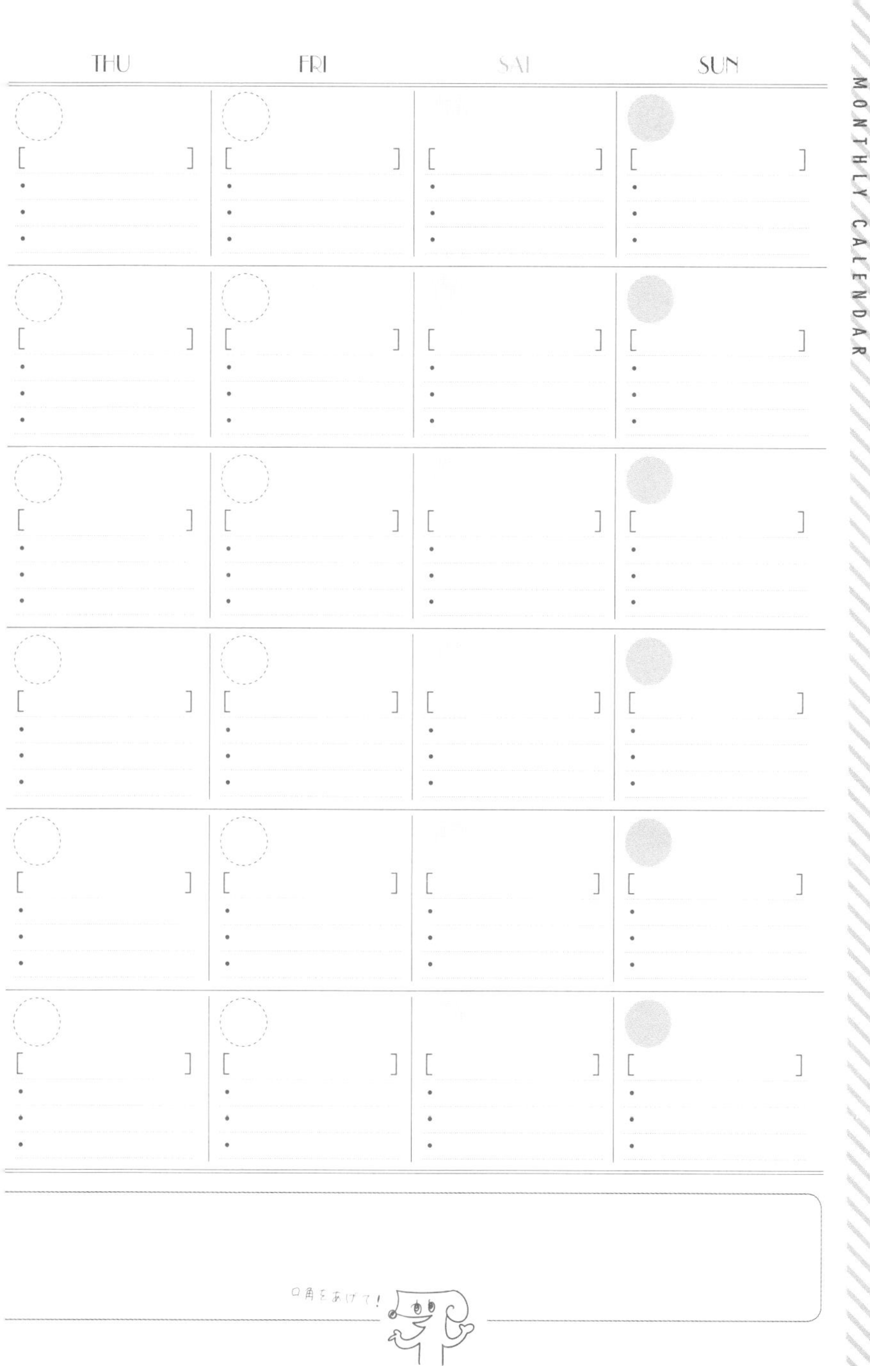
THU
FRI
SAT
SUN
MONTHLY CALENDAR
口角をあげて!

ありがとうございます！

MONTHLY CALENDAR
YEAR
MONTH
MEMO
MON
TUE
WED
心地よく感じたこと・しっくりきたこと
（このように感じるときはあなたにとって正解の印です）
ちょっと休憩を

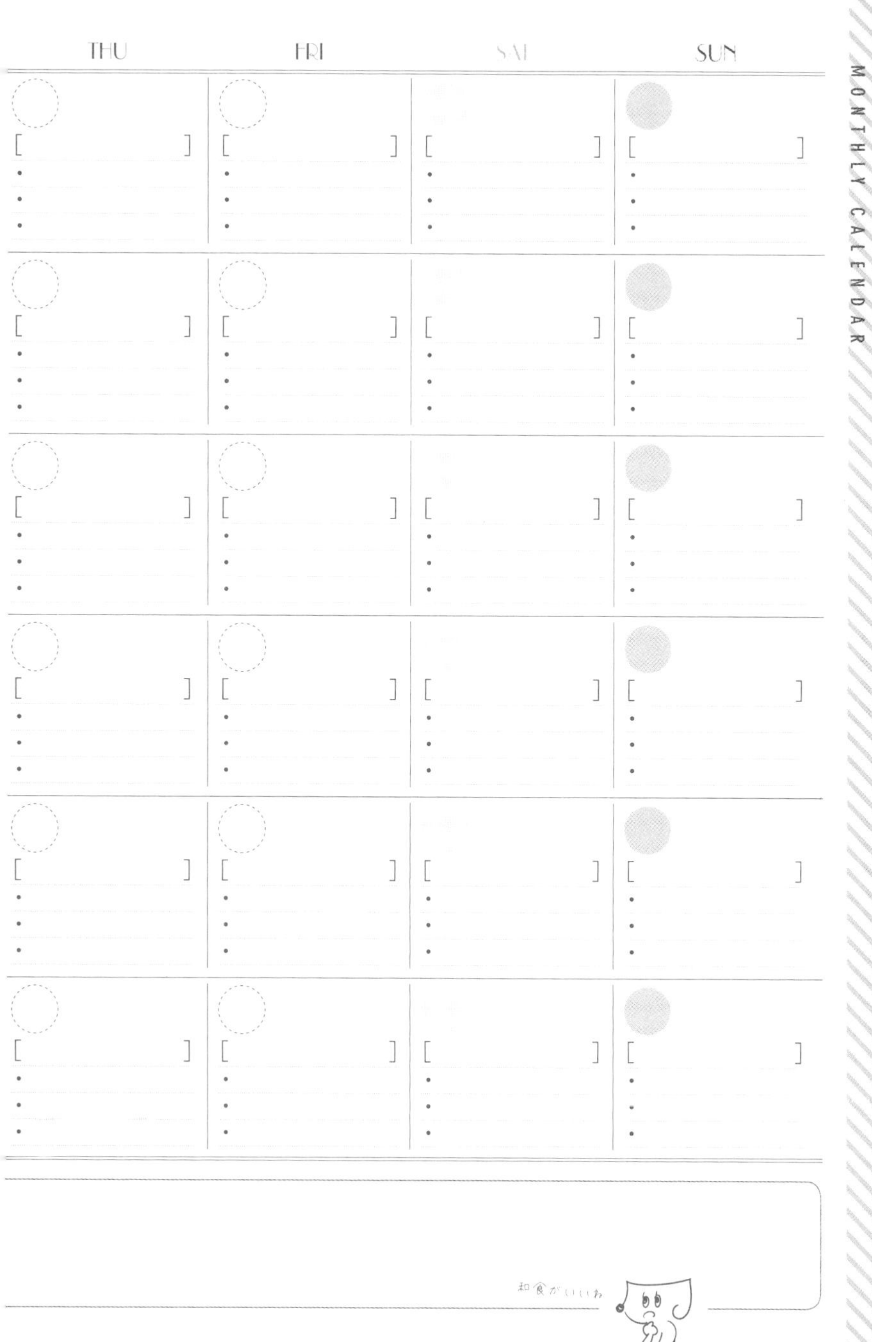
THU
FRI
SAT
SUN
MONTHLY CALENDAR
和食がいいわ

宇宙注文シート

☆ありがとうございます！

MONTHLY CALENDAR
YEAR
MONTH
MEMO
MON
TUE
WED
心地よく感じたこと・しっくりきたこと
（このように感じるときはあなたにとって正解の印です）
何かが完成しそう

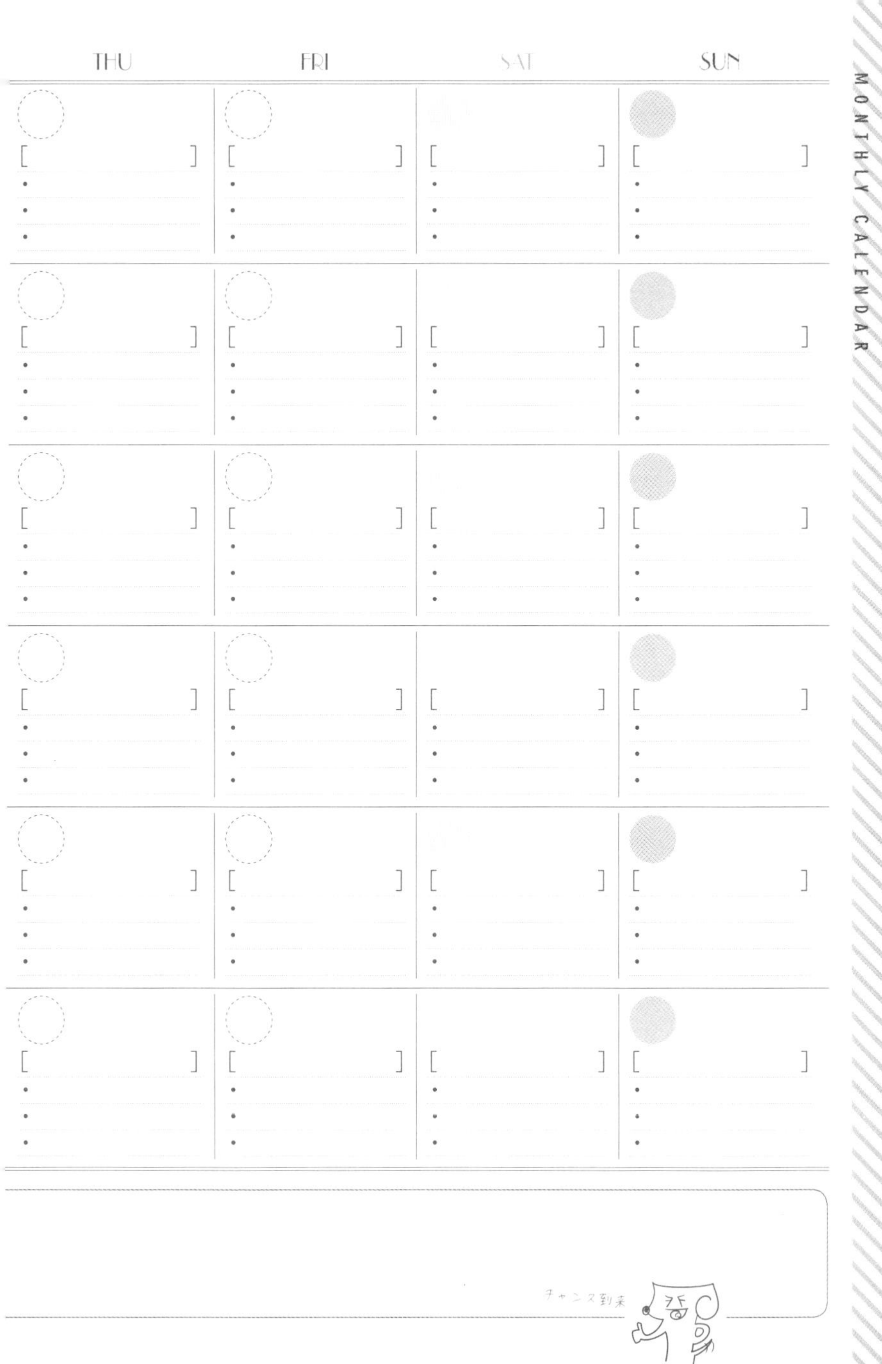
THU
FRI
SAT
SUN
MONTHLY CALENDAR
チャンス到来

ありがとうございます！

ありがとうございます！

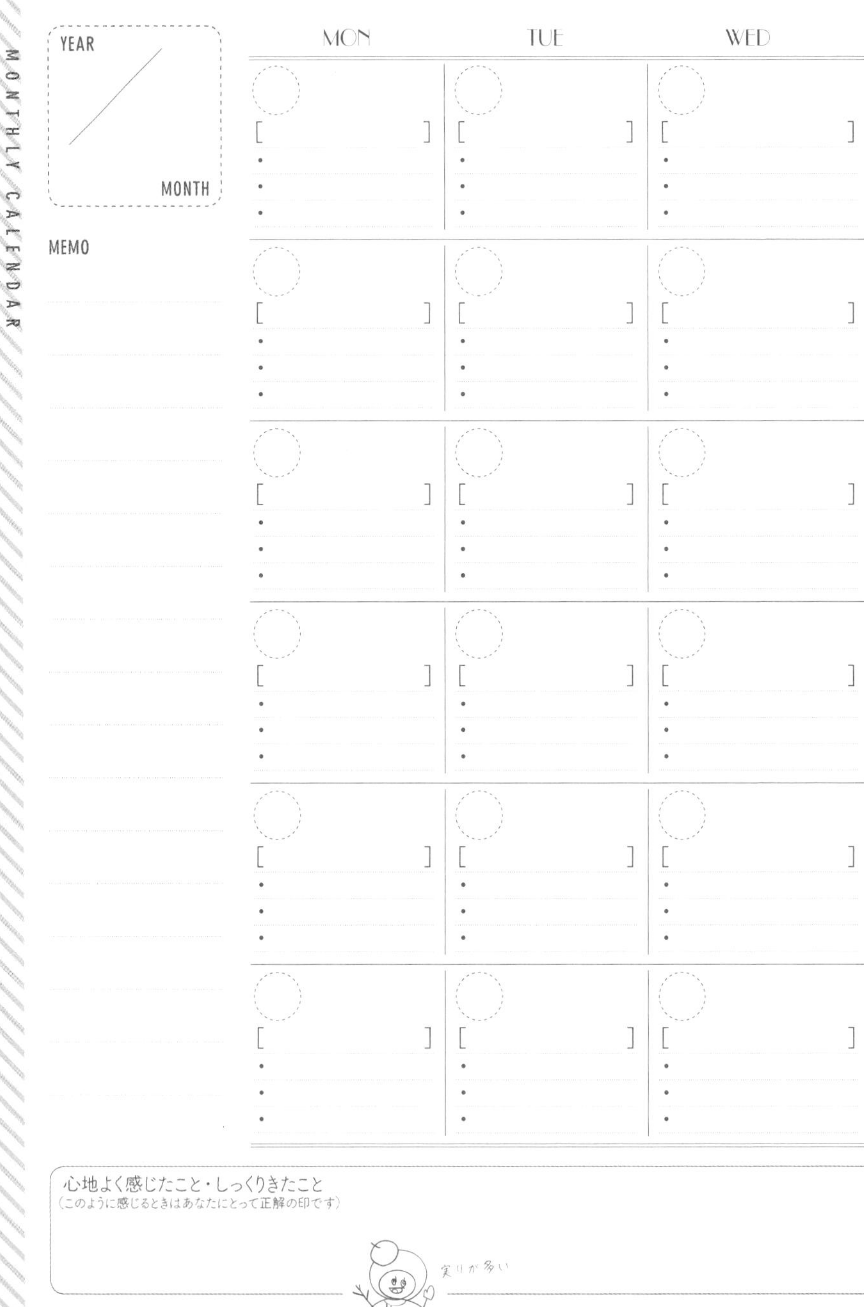

MONTHLY CALENDAR

YEAR　／　MONTH

MEMO

MON	TUE	WED
[　]	[　]	[　]
[　]	[　]	[　]
[　]	[　]	[　]
[　]	[　]	[　]
[　]	[　]	[　]
[　]	[　]	[　]

心地よく感じたこと・しっくりきたこと
（このように感じるときはあなたにとって正解の印です）

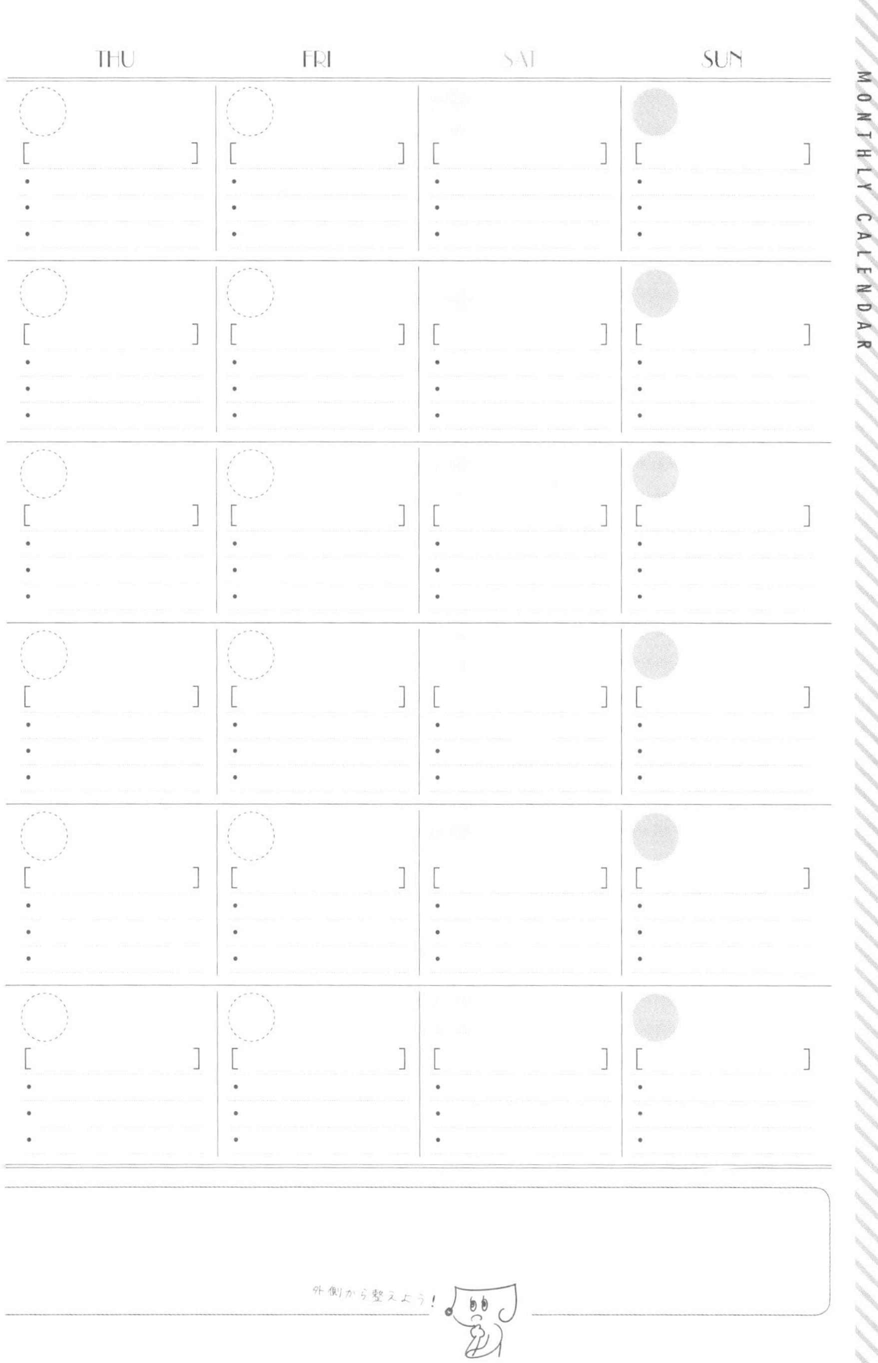
THU
FRI
SAT
SUN
MONTHLY CALENDAR
外側から整えよう!

☆ありがとうございます！

MONTHLY CALENDAR
YEAR
MONTH
MEMO
MON
TUE
WED
心地よく感じたこと・しっくりきたこと
（このように感じるときはあなたにとって正解の印です）
約束は守ろう

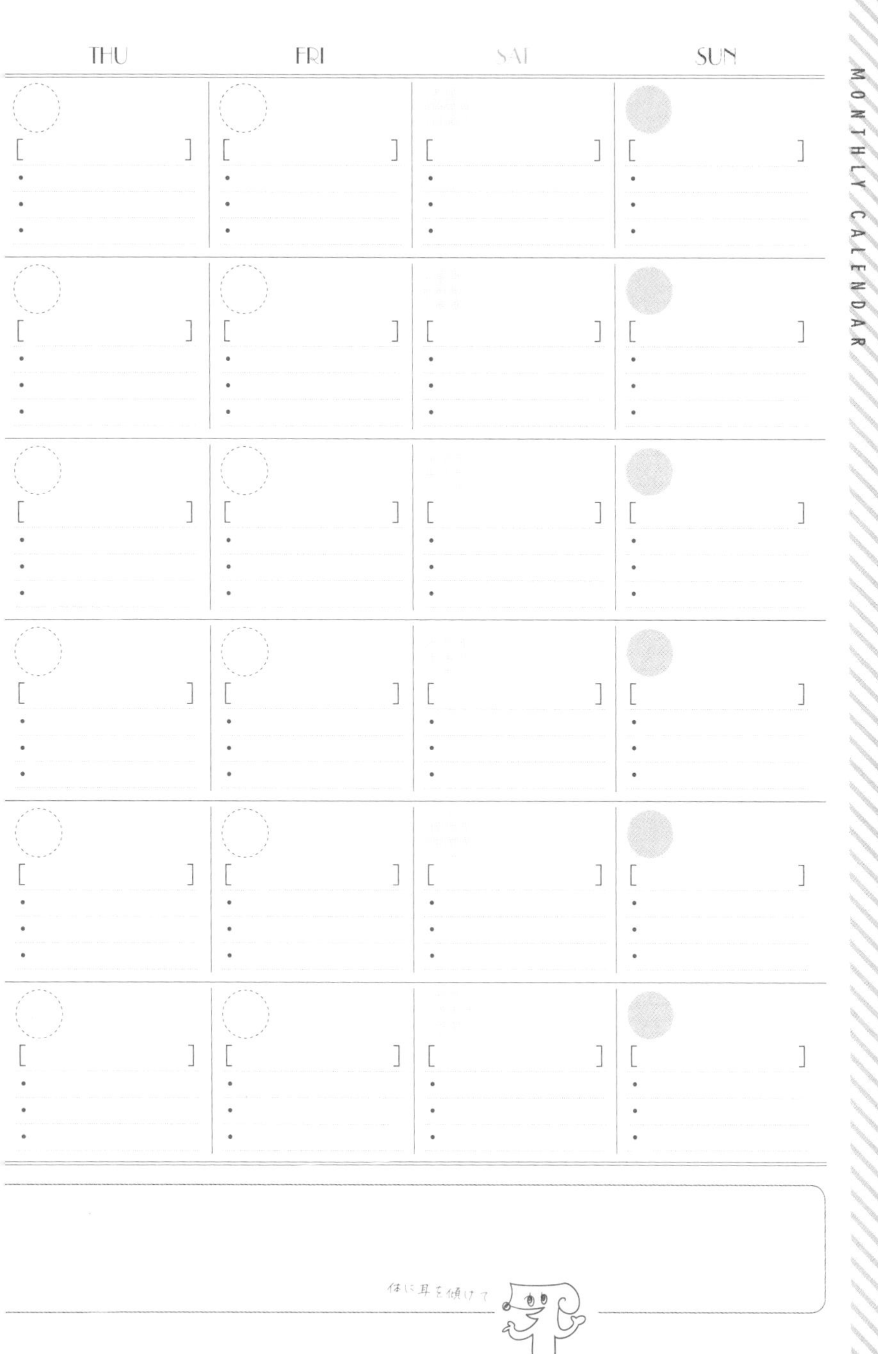
THU
FRI
SAT
SUN
MONTHLY CALENDAR
体に耳を傾けて

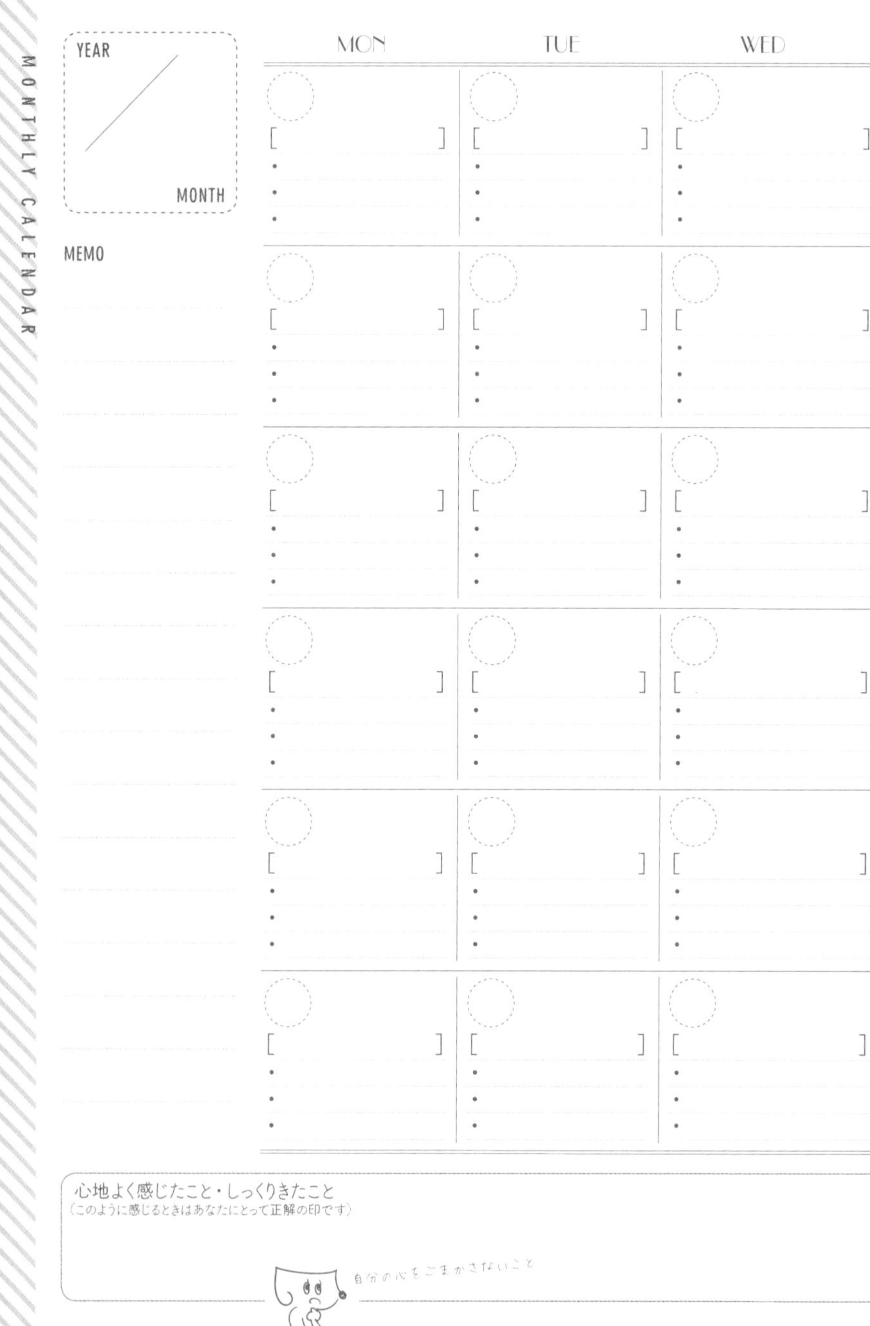
MONTHLY CALENDAR
YEAR
MONTH
MEMO
MON
TUE
WED
心地よく感じたこと・しっくりきたこと
(このように感じるときはあなたにとって正解の印です)
自分の心をごまかさないこと

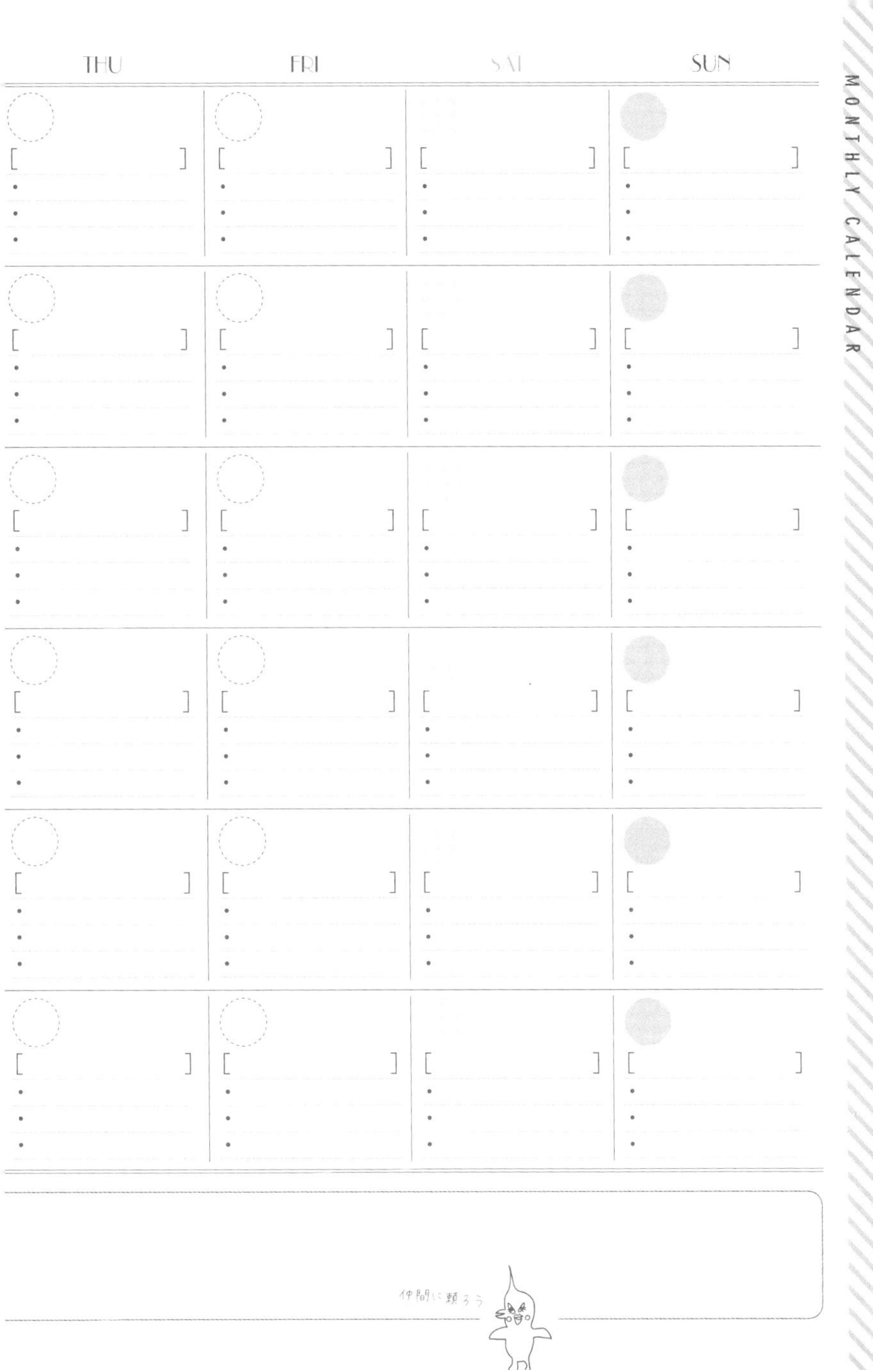
THU
FRI
SAT
SUN
MONTHLY CALENDAR
仲間に頼ろう

ありがとうございます！

MONTHLY CALENDAR
YEAR
MONTH
MEMO
MON
TUE
WED
心地よく感じたこと・しっくりきたこと
（このように感じるときはあなたにとって正解の印です）
継続は力なり！

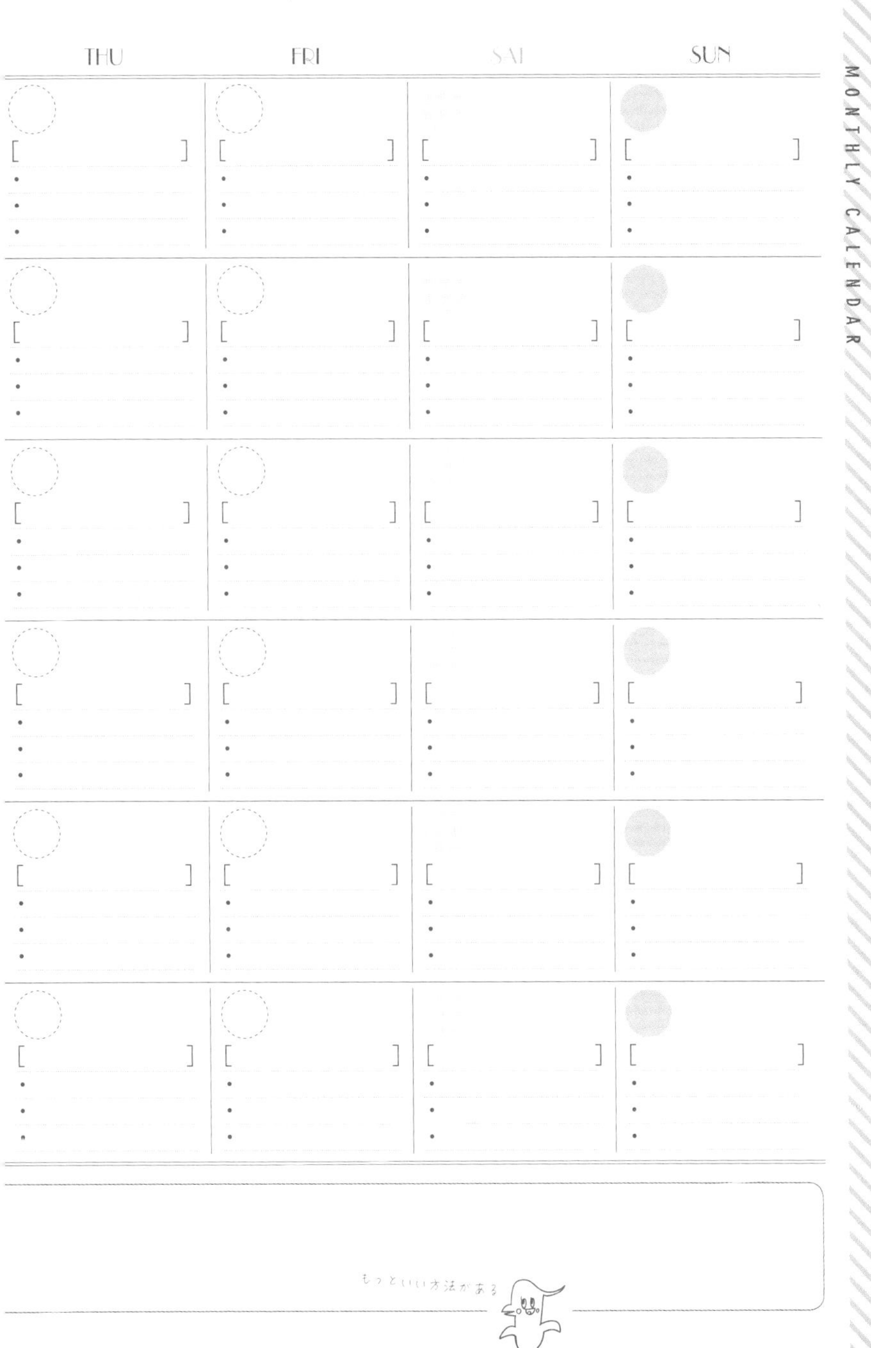
THU
FRI
SAT
SUN
MONTHLY CALENDAR
もっといい方法がある

ありがとうございます！

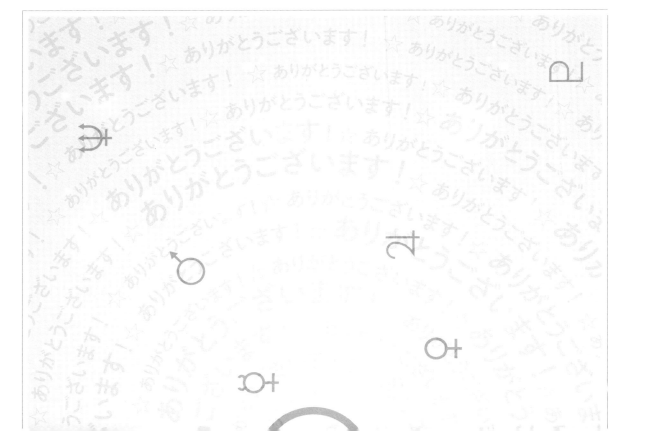

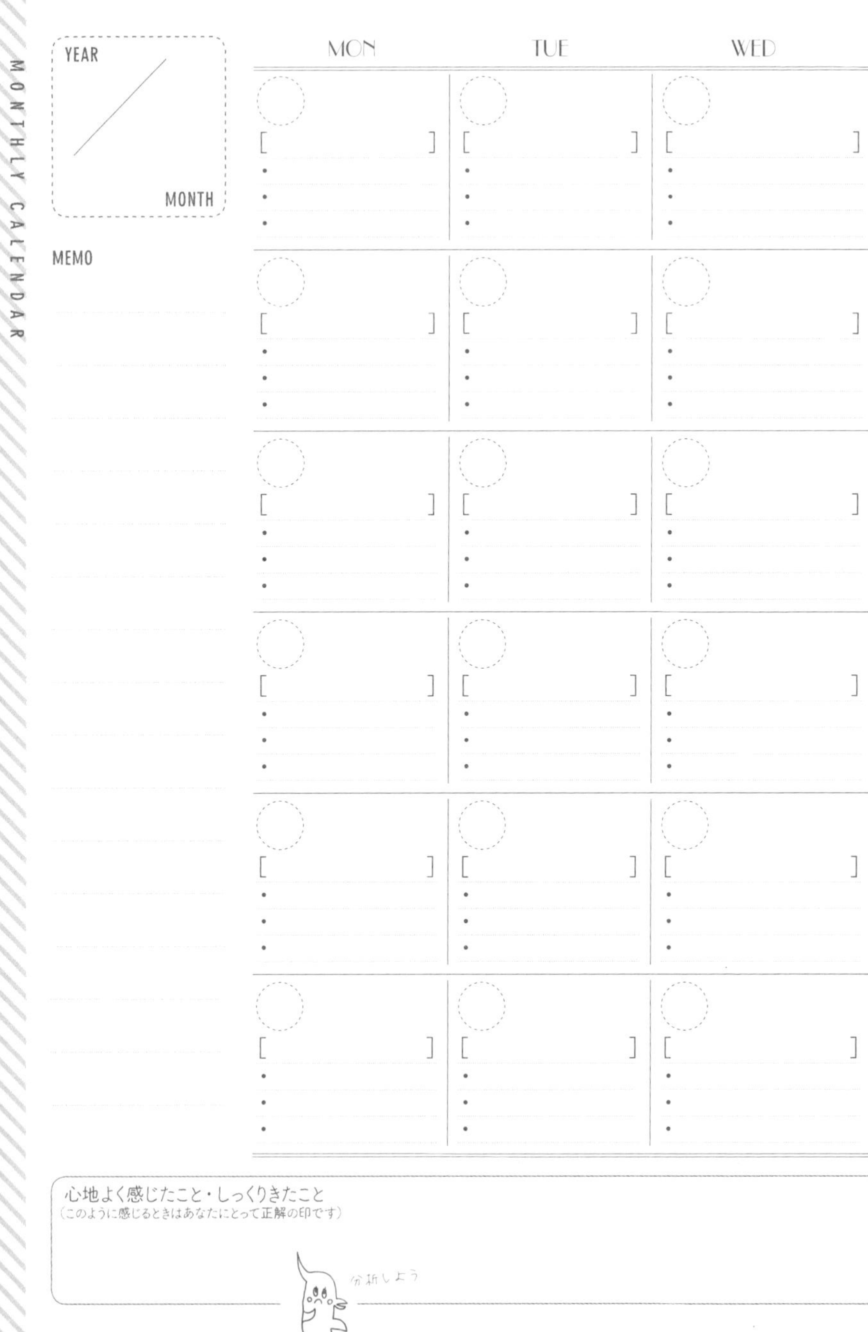
MONTHLY CALENDAR
YEAR
MONTH
MEMO
MON
TUE
WED
心地よく感じたこと・しっくりきたこと
（このように感じるときはあなたにとって正解の印です）
分析しよう

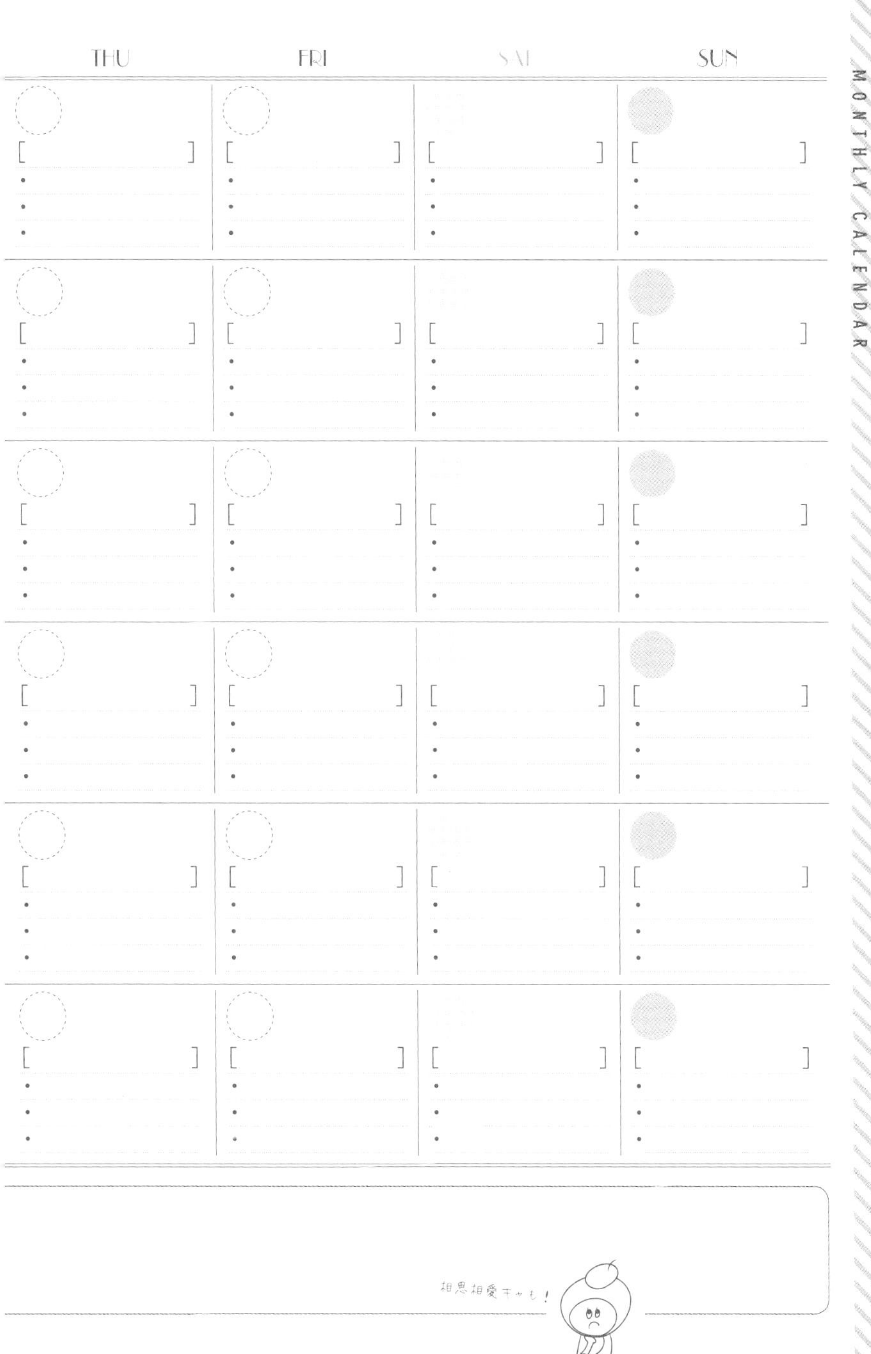
THU
FRI
SAT
SUN
MONTHLY CALENDAR
相思相愛キャも！

宇宙注文シート

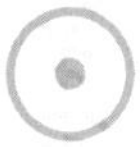

ありがとうございます！☆

MONTHLY CALENDAR
YEAR
MONTH
MEMO
MON
TUE
WED
心地よく感じたこと・しっくりきたこと
（このように感じるときはあなたにとって正解の印です）
もう1回やってみよう

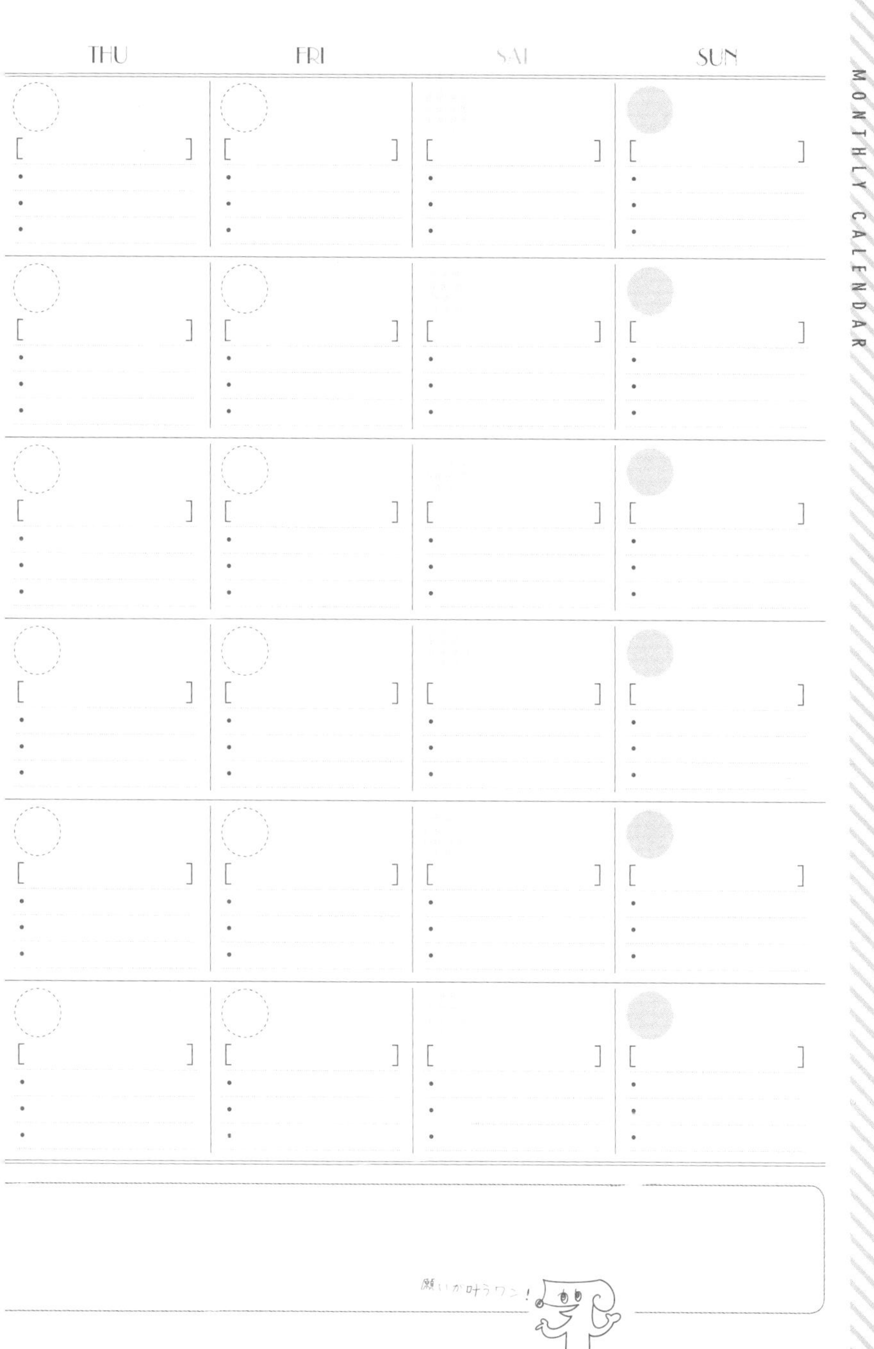
THU
FRI
SAT
SUN
MONTHLY CALENDAR
願いが叶うワン！

宇宙注文シート

ます！☆ありがとうございます！☆ありがとうございます！

ございます！☆ありがとうございます！☆ありがとうございます！☆ありがとうございます！☆ありがとうございます！

ありがとうございます！☆ありがとうございます！☆ありがとうございます！☆ありがとうございます！

ありがとうございます！☆ありがとうございます！☆ありがとうございます！

ありがとうございます！☆ありがとうございます！☆ありがとうございます！

MONTHLY CALENDAR
YEAR
MONTH
MEMO
MON
TUE
WED
心地よく感じたこと・しっくりきたこと
（このように感じるときはあなたにとって正解の印です）
職人魂が功を奏す

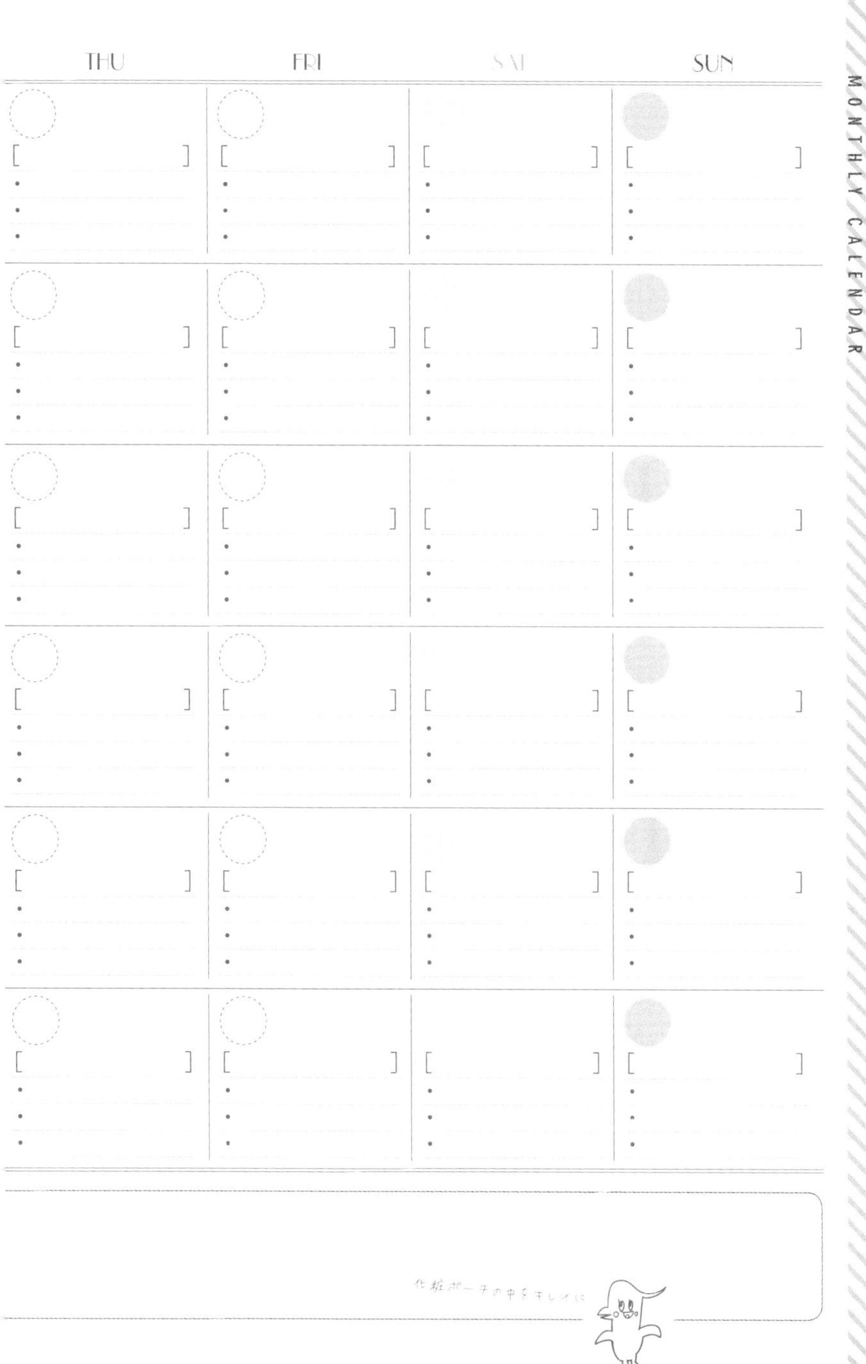
THU
FRI
SAT
SUN
MONTHLY CALENDAR
化粧ポーチの中をキレイに

宇宙注文シート

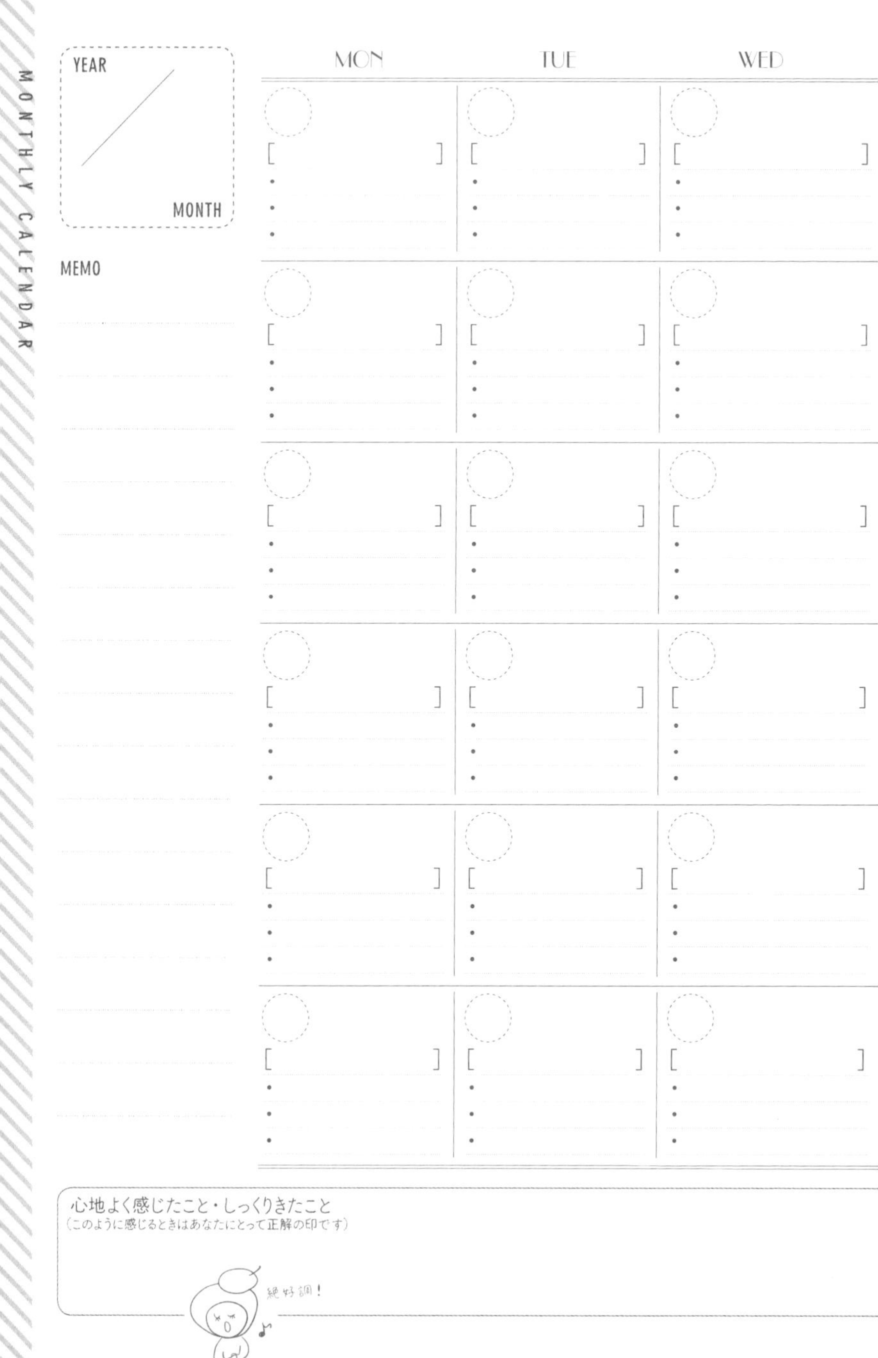

MONTHLY CALENDAR

YEAR /

MONTH

MEMO

MON	TUE	WED
[ ]	[ ]	[ ]
[ ]	[ ]	[ ]
[ ]	[ ]	[ ]
[ ]	[ ]	[ ]
[ ]	[ ]	[ ]
[ ]	[ ]	[ ]

心地よく感じたこと・しっくりきたこと
（このように感じるときはあなたにとって正解の印です）

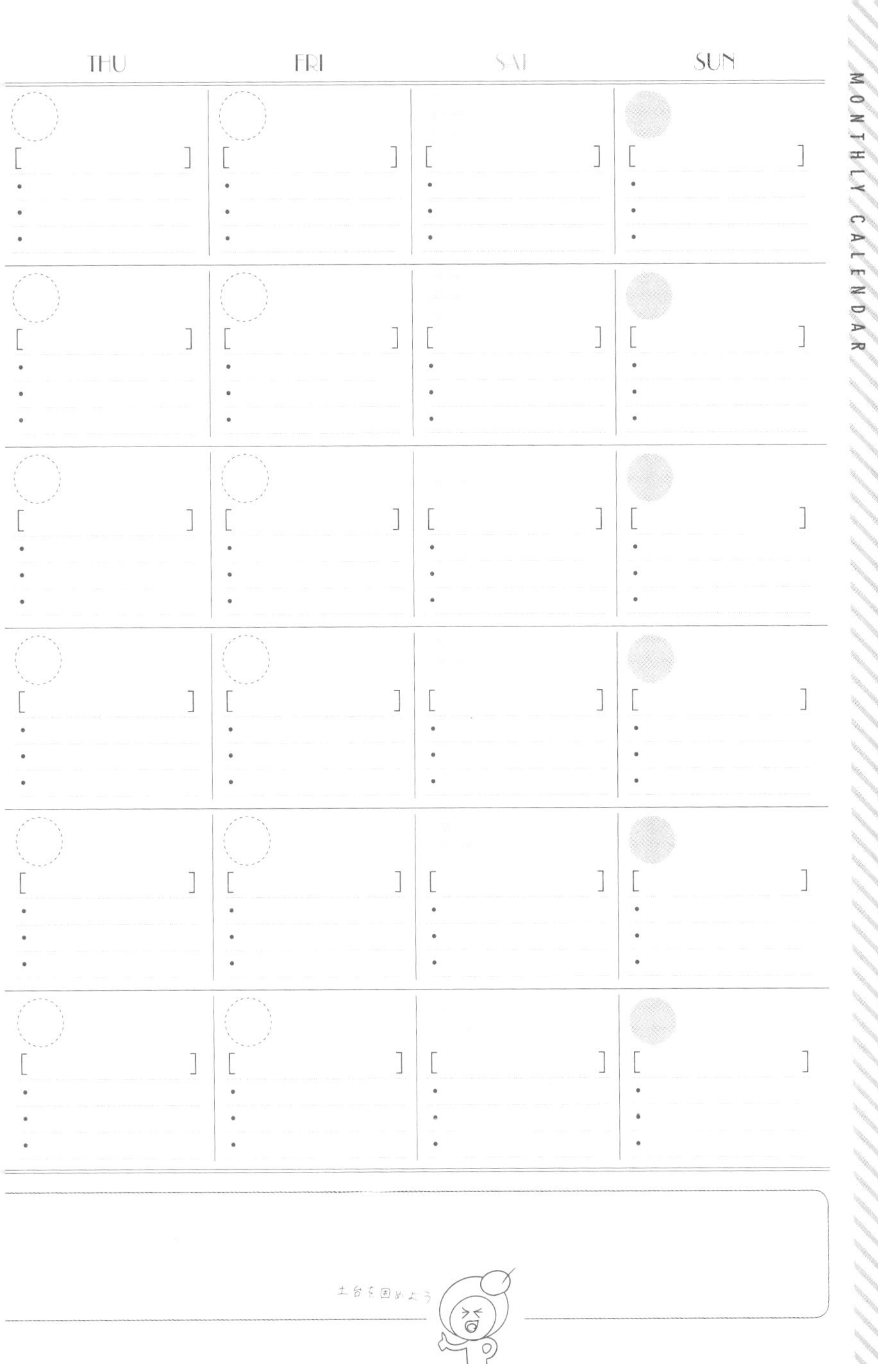
THU
FRI
SAT
SUN
MONTHLY CALENDAR
土台を固めよう

宇宙注文シート

☆ありがとうございます！☆

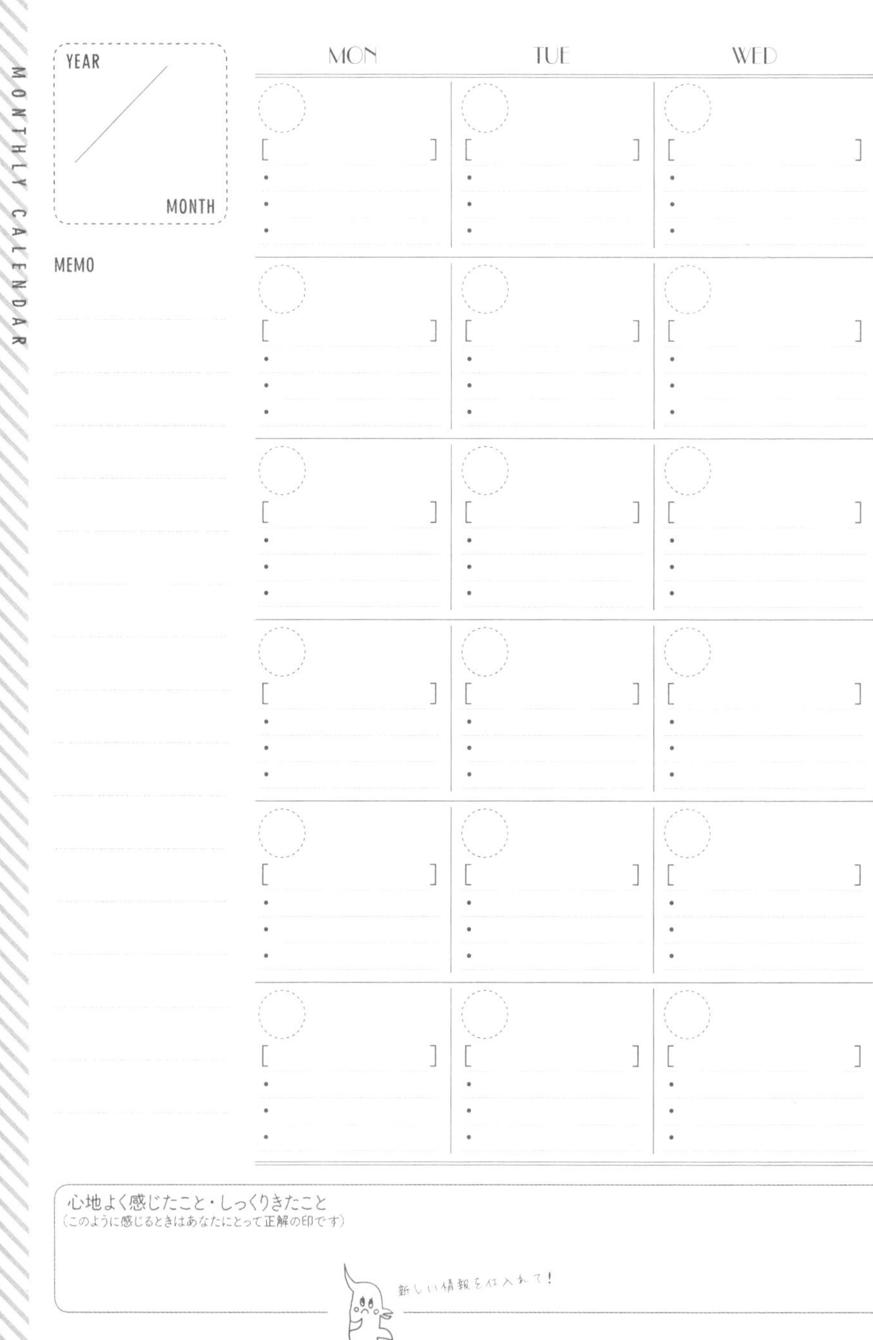
MONTHLY CALENDAR
YEAR
MONTH
MEMO
MON
TUE
WED
心地よく感じたこと・しっくりきたこと
（このように感じるときはあなたにとって正解の印です）
新しい情報を仕入れて！

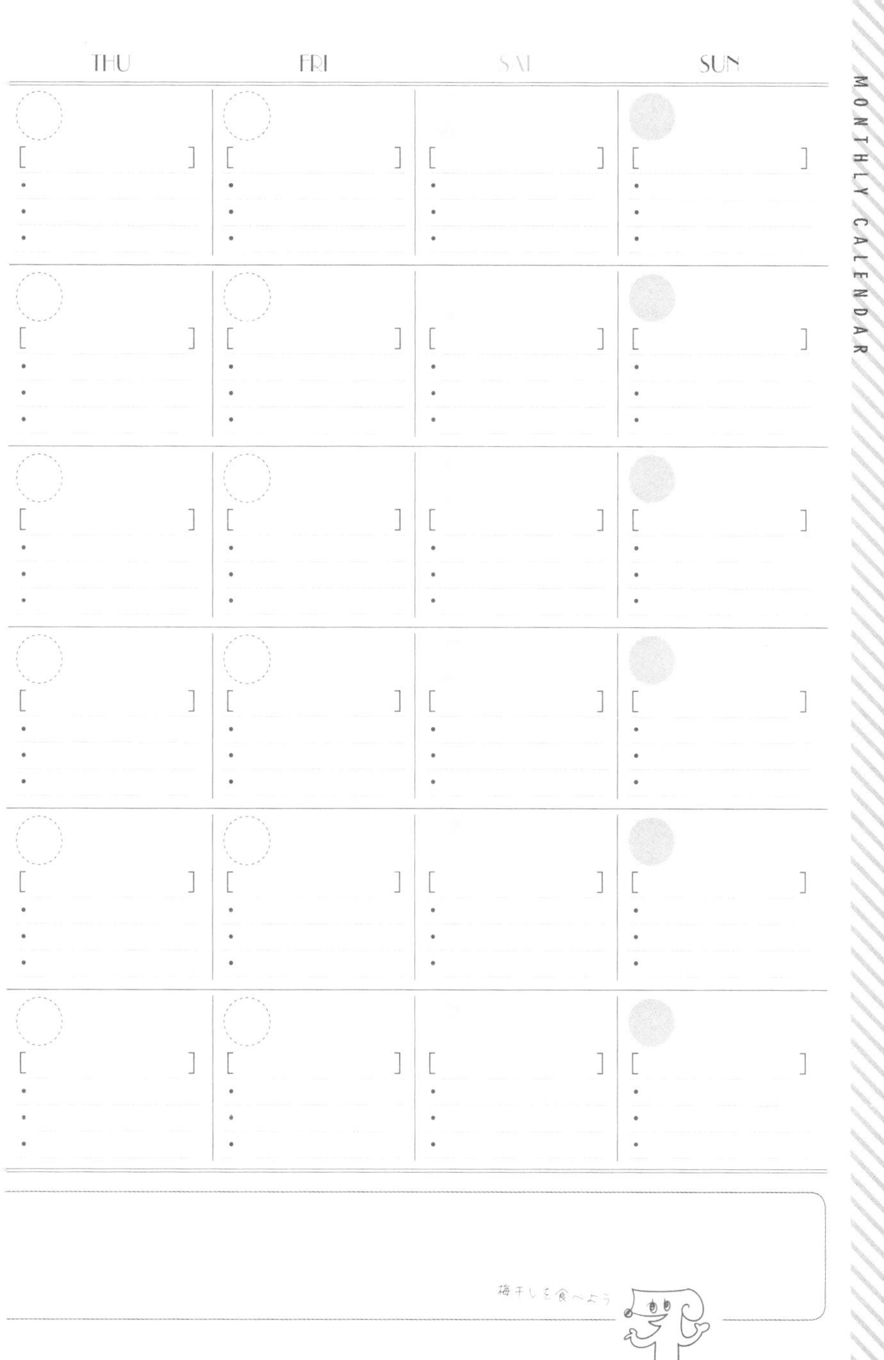

THU
FRI
SAT
SUN
MONTHLY CALENDAR
梅干しを食べよう

ありがとうございます！

ありがとうございます！

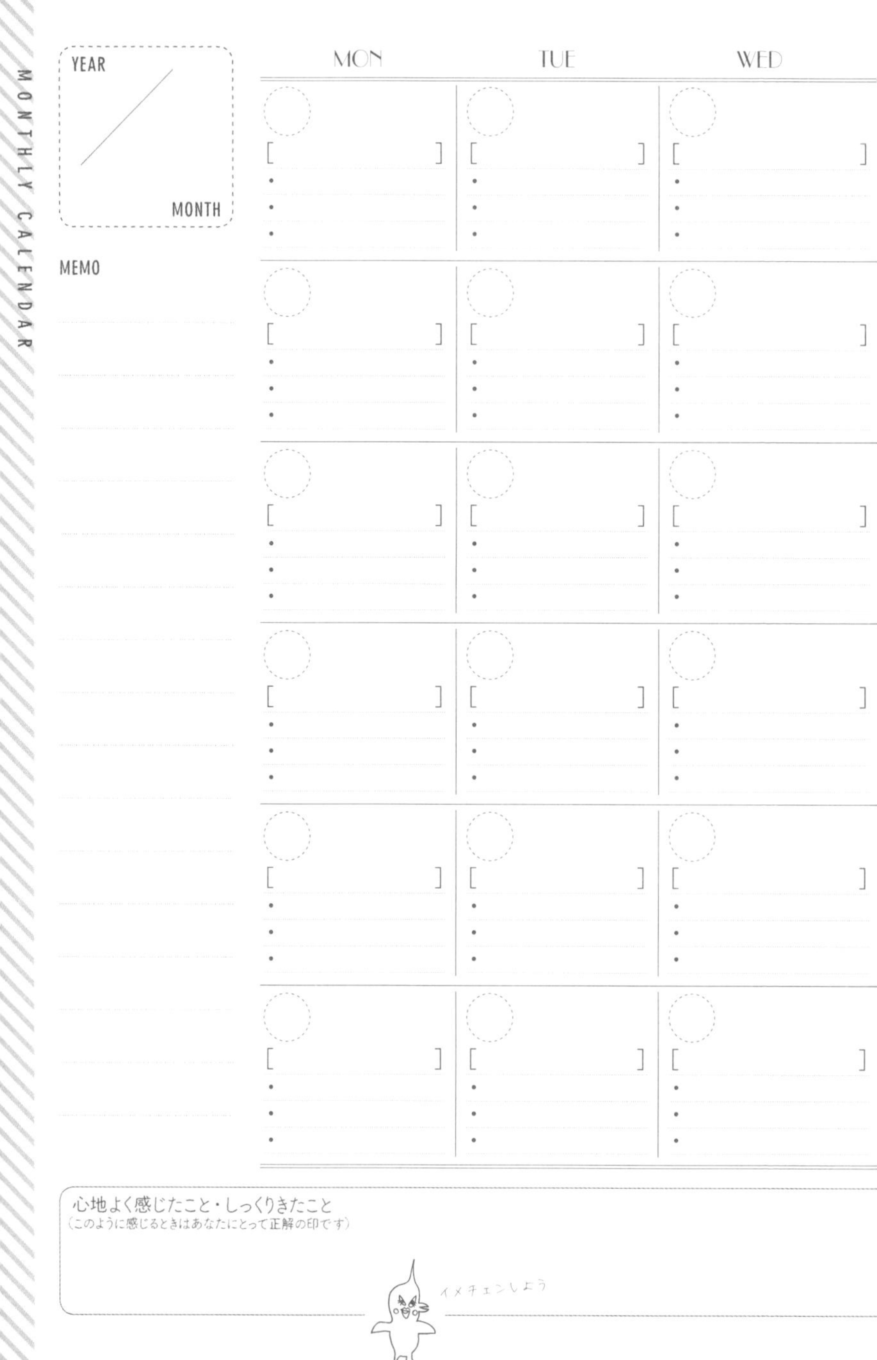
MONTHLY CALENDAR
YEAR
MONTH
MEMO
MON
TUE
WED
心地よく感じたこと・しっくりきたこと
（このように感じるときはあなたにとって正解の印です）
イメチェンしよう

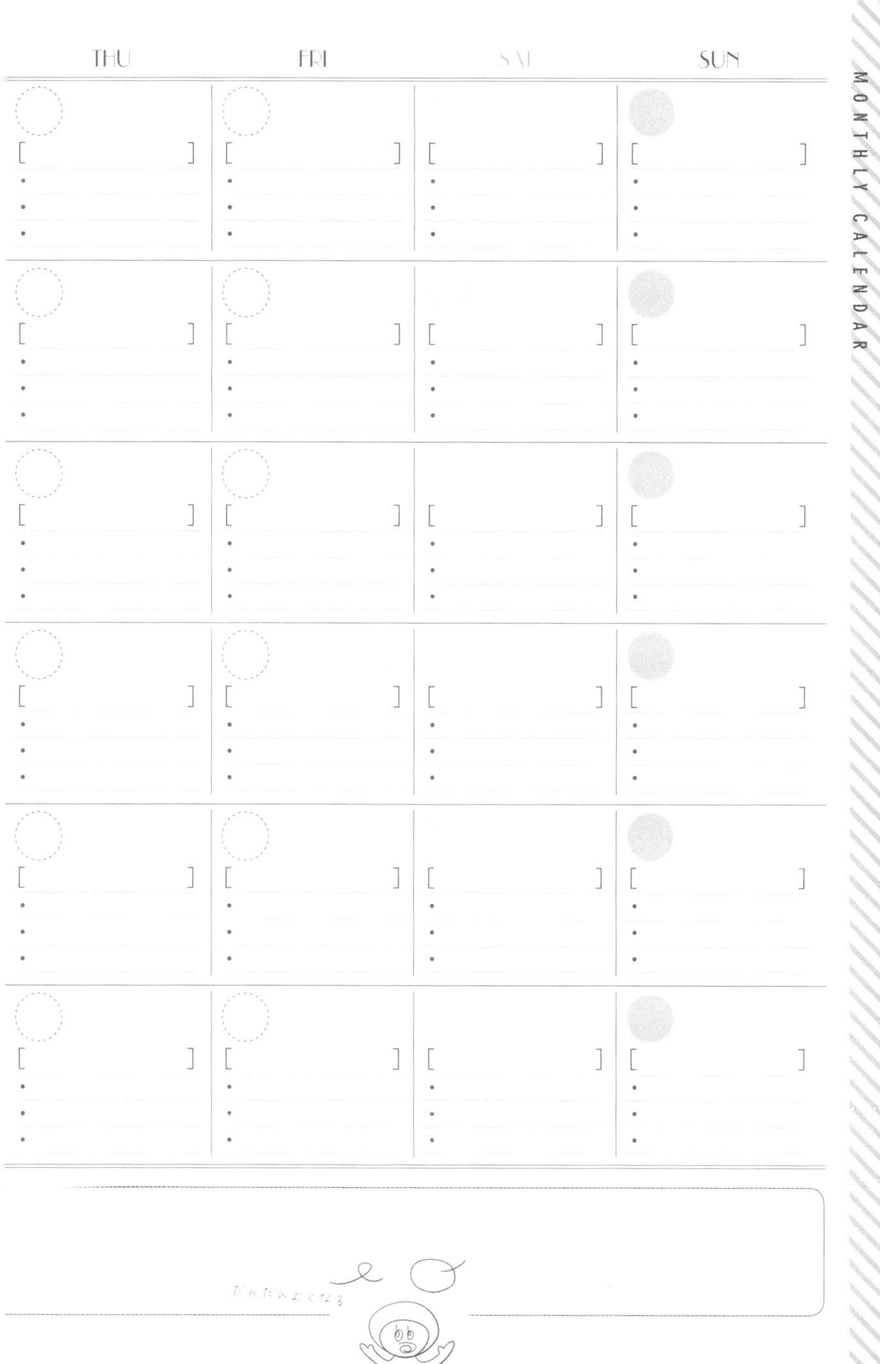
THU
FRI
SAT
SUN
MONTHLY CALENDAR
だんだんよくなる

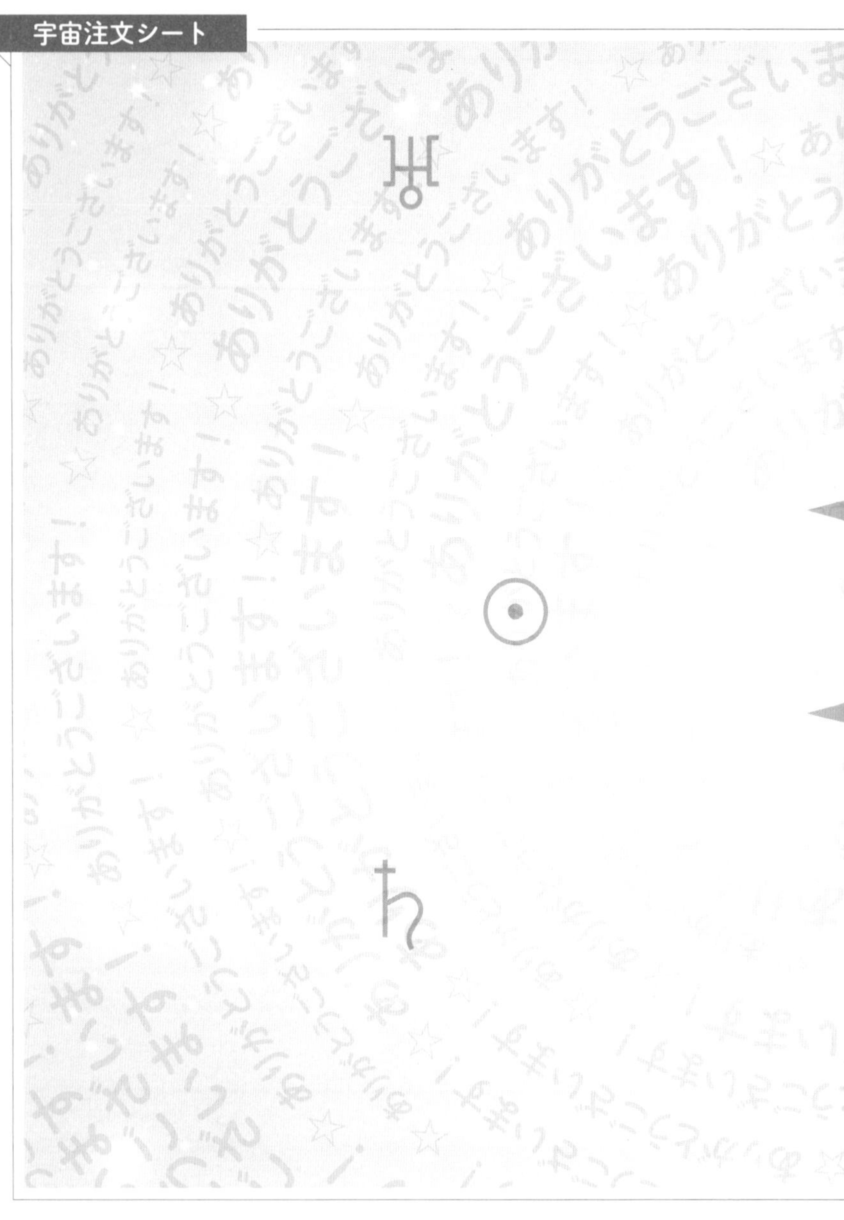

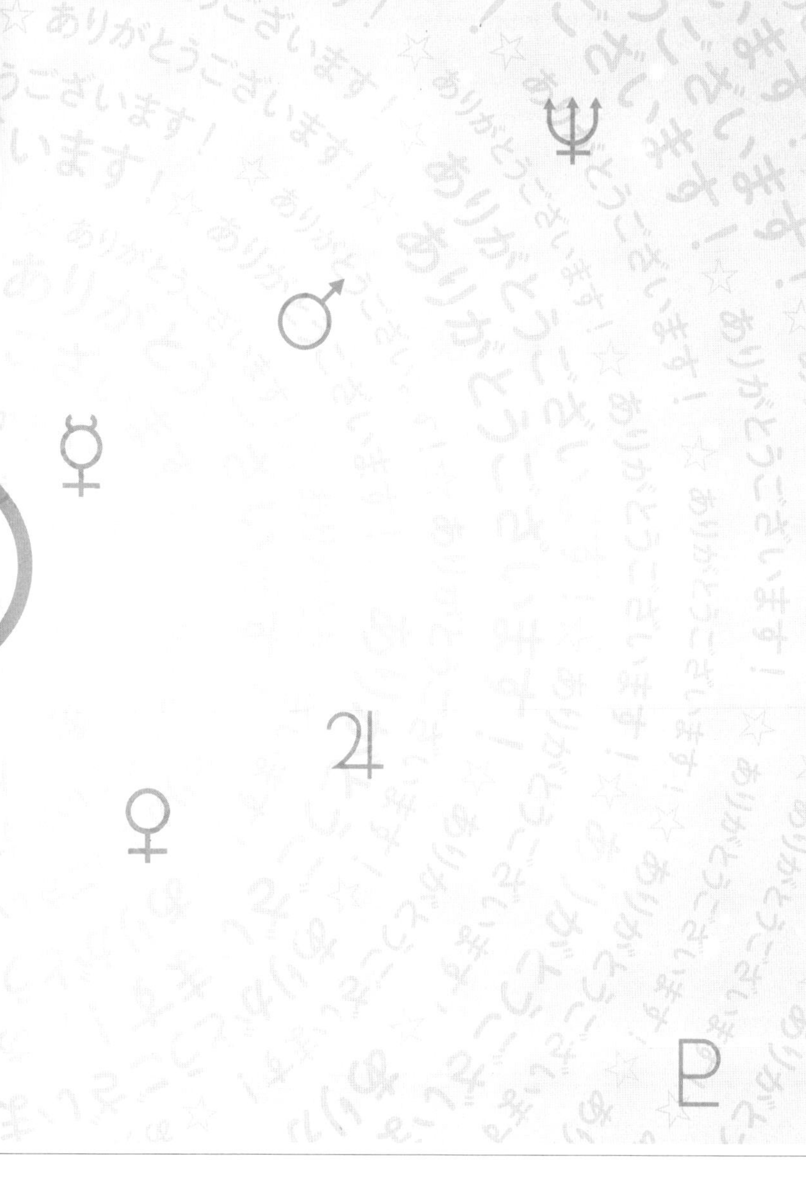
ありがとうございます！

MONTHLY CALENDAR
YEAR
MONTH
MEMO
MON
TUE
WED
心地よく感じたこと・しっくりきたこと
（このように感じるときはあなたにとって正解の印です）
宝石を身につけよう

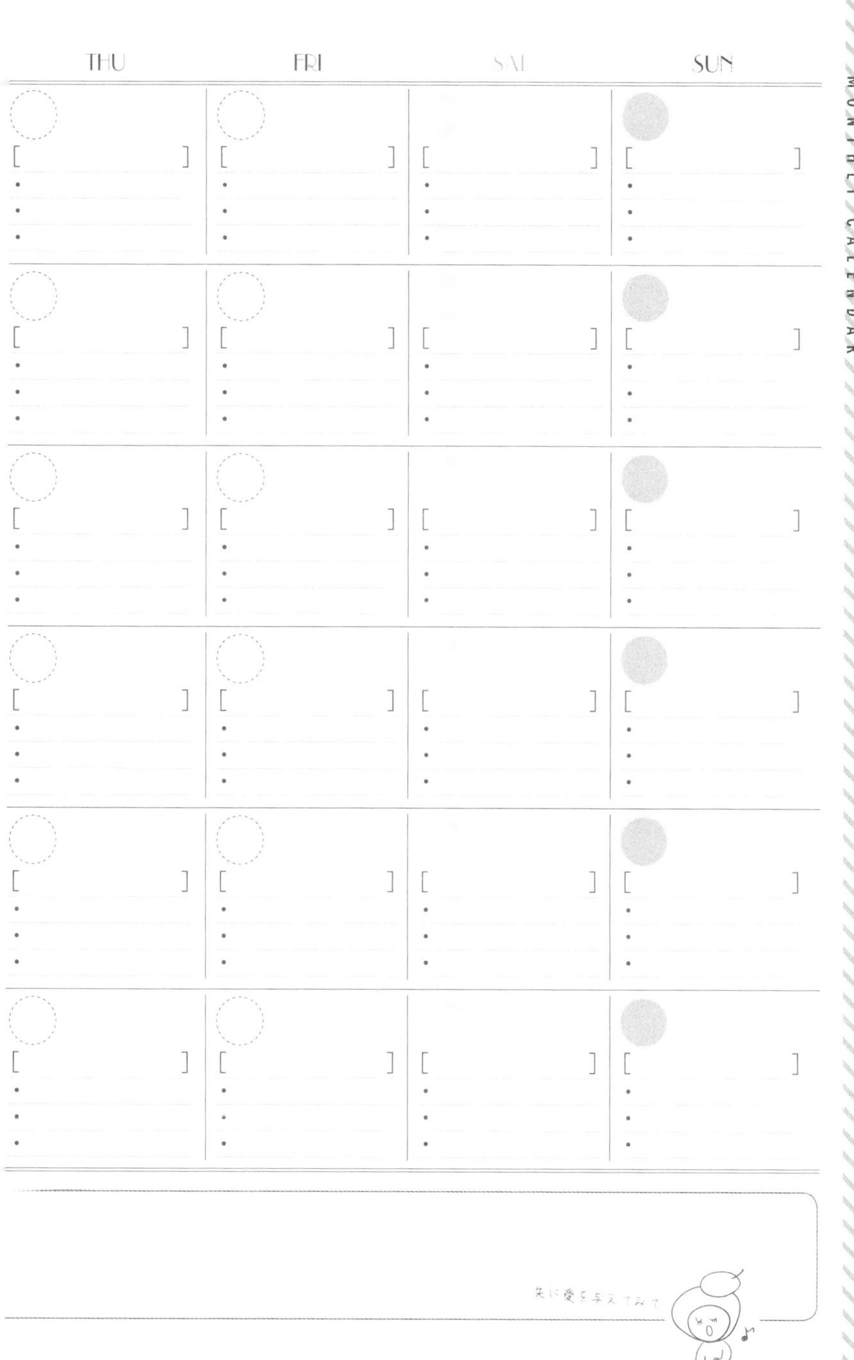
THU
FRI
SAT
SUN
MONTHLY CALENDAR
先に愛を与えてみて

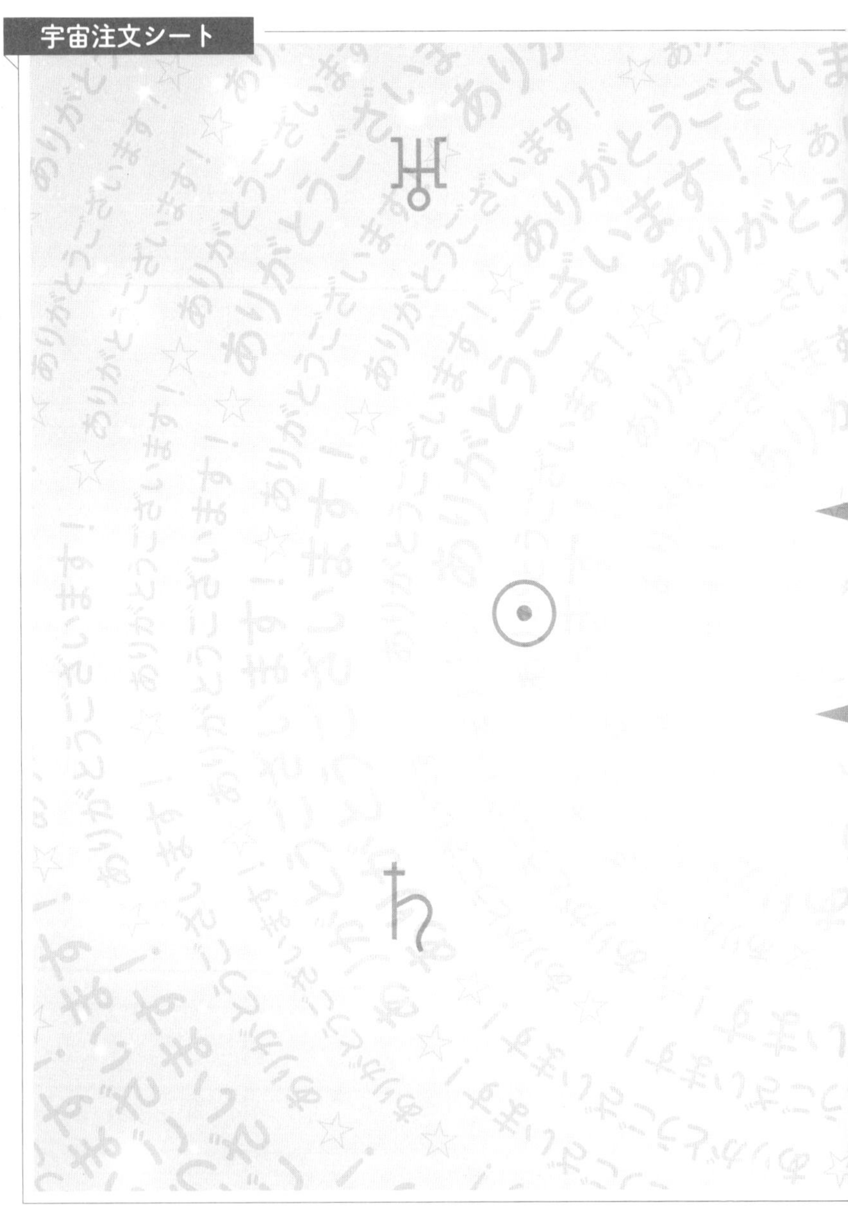

☆ありがとうございます！☆ありがとうございます！☆ありがとうございます！

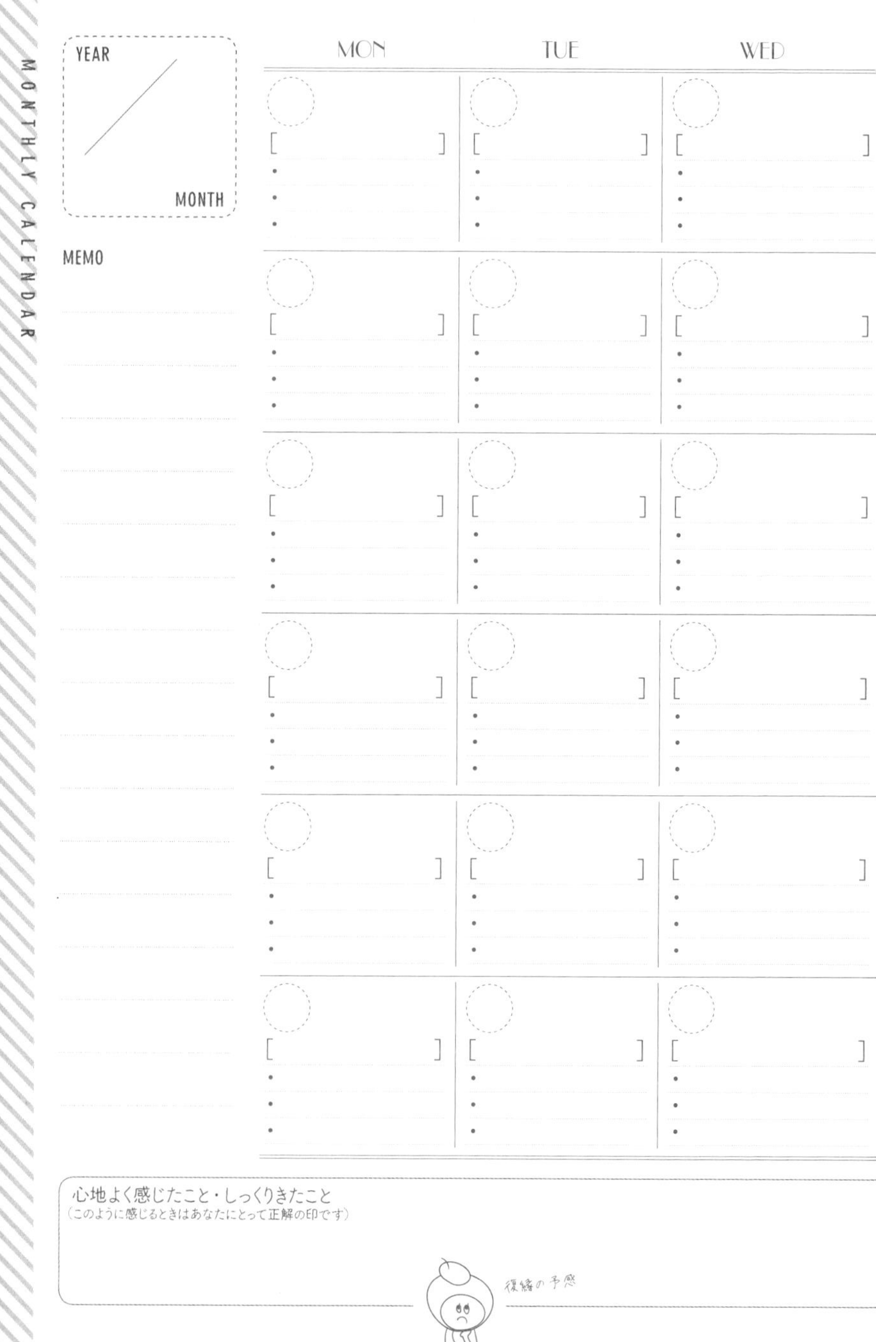
MONTHLY CALENDAR
YEAR
MONTH
MEMO
MON
TUE
WED
心地よく感じたこと・しっくりきたこと
（このように感じるときはあなたにとって正解の印です）
復縁の予感

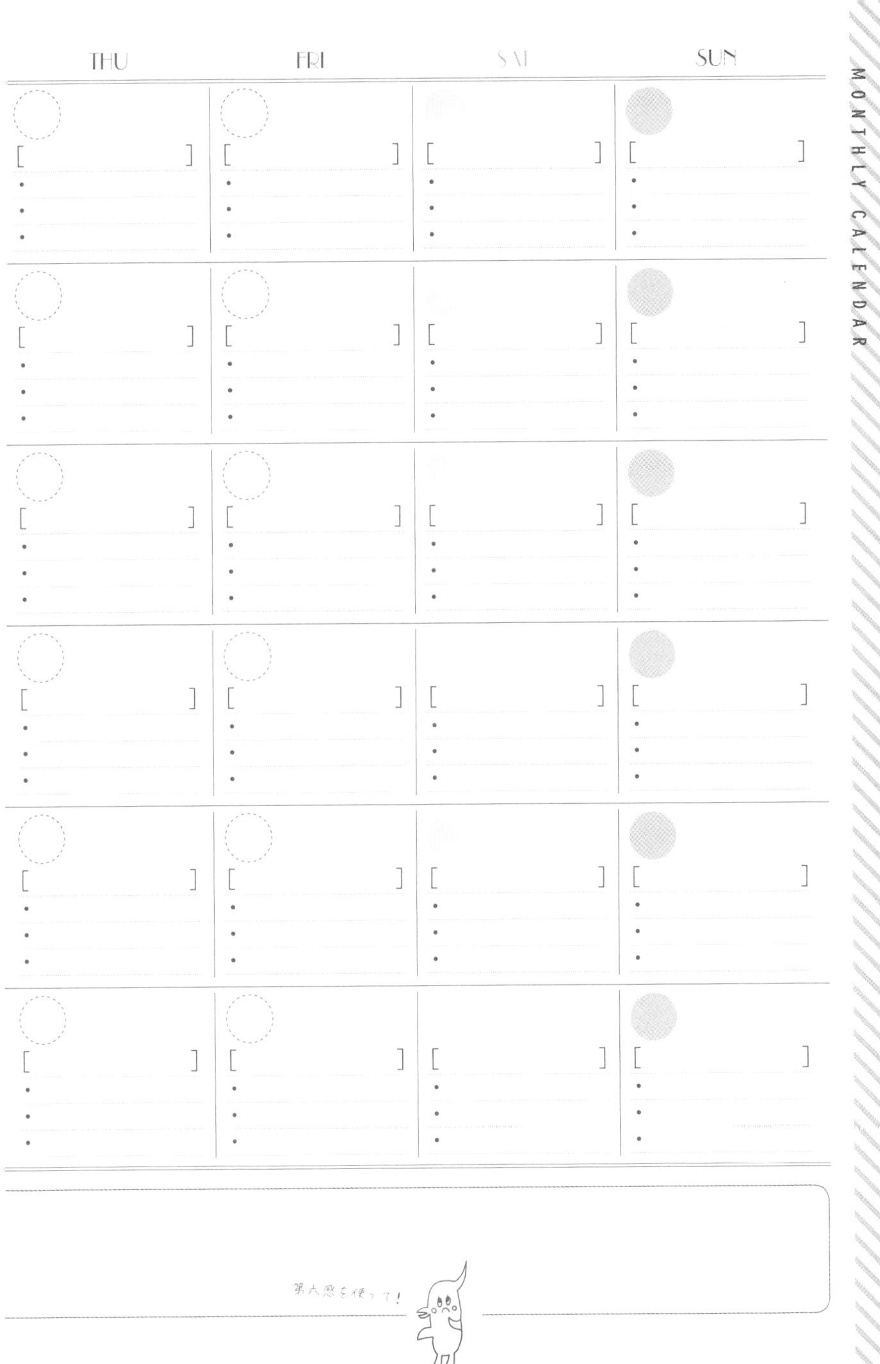
THU
FRI
SAT
SUN
MONTHLY CALENDAR
第六感を使って!

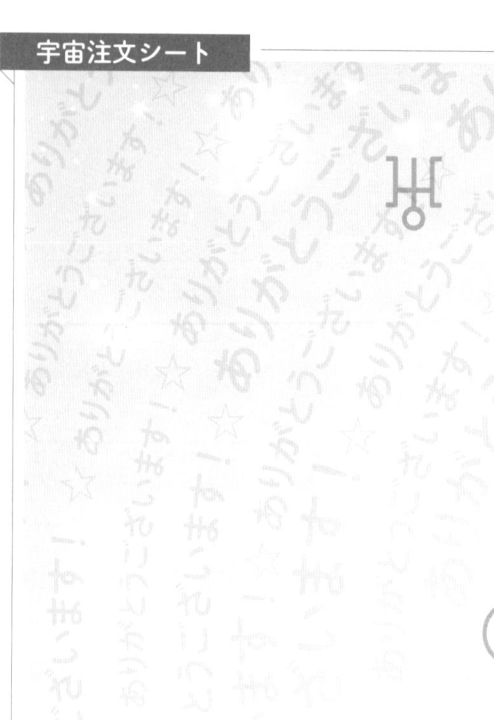

MONTHLY CALENDAR

YEAR / MONTH

MEMO

MON	TUE	WED
[ ]	[ ]	[ ]
[ ]	[ ]	[ ]
[ ]	[ ]	[ ]
[ ]	[ ]	[ ]
[ ]	[ ]	[ ]
[ ]	[ ]	[ ]

心地よく感じたこと・しっくりきたこと
（このように感じるときはあなたにとって正解の印です）

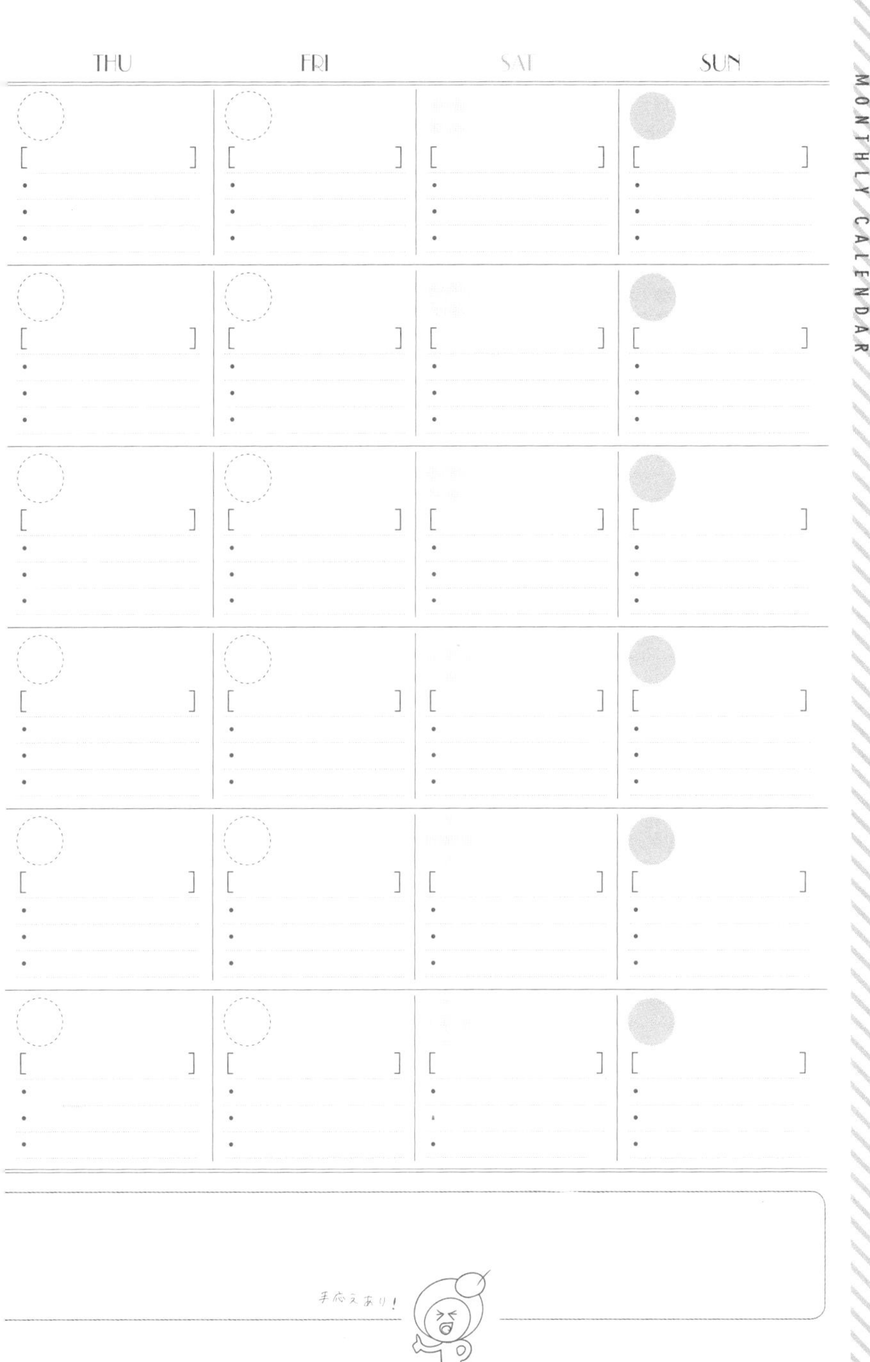
THU
FRI
SAT
SUN
MONTHLY CALENDAR
手応えあり！

☆ありがとうございます！

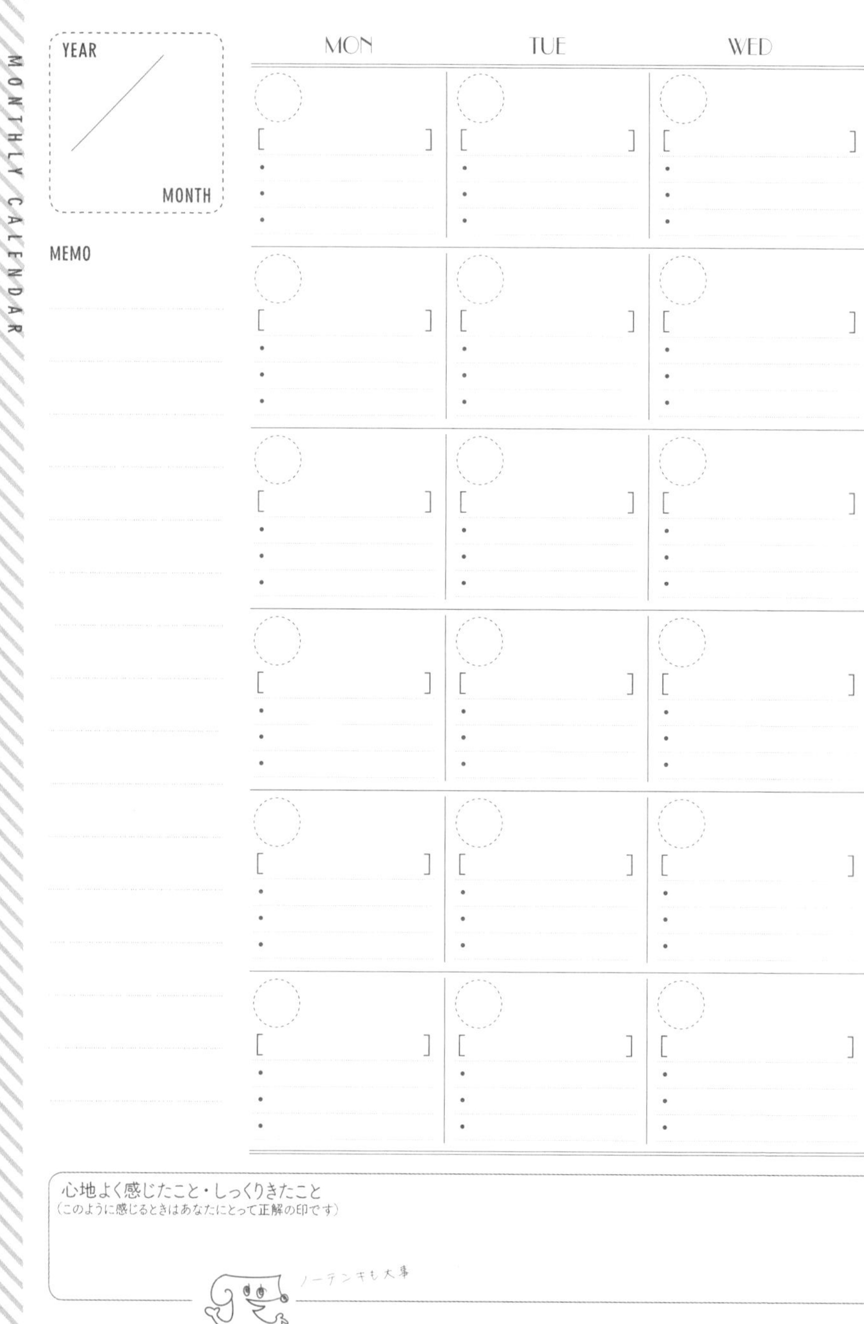
MONTHLY CALENDAR
YEAR
MONTH
MEMO
MON
TUE
WED
心地よく感じたこと・しっくりきたこと
（このように感じるときはあなたにとって正解の印です）
ノーテンキも大事

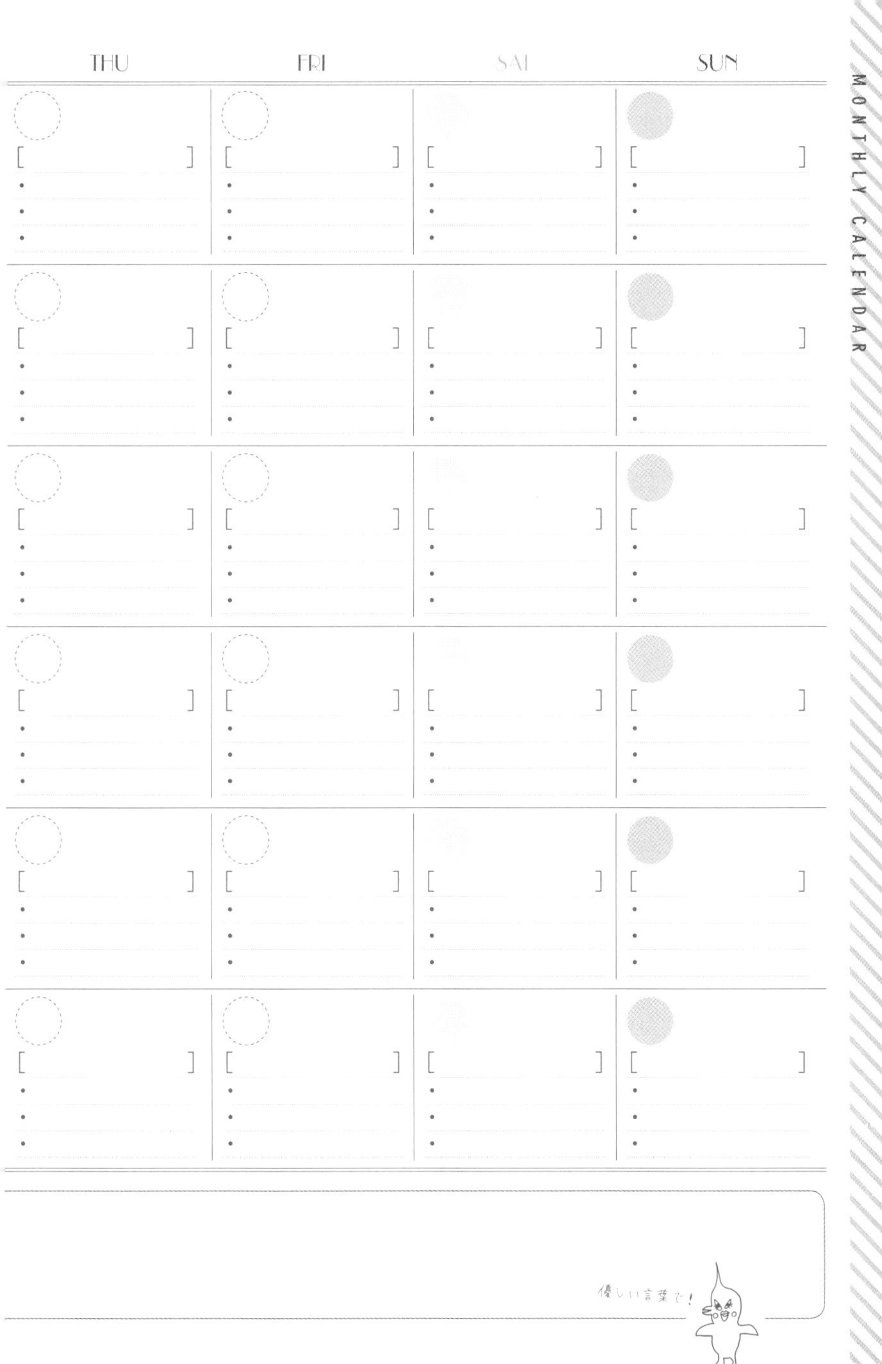
THU
FRI
SAT
SUN
MONTHLY CALENDAR
優しい言葉で！

MEMO

着実に進化中 

MEMO

半分こで!

MEMO

願いが超叶っちゃう！

曼荼羅（まんだら）塗り絵

全体運、金運、仕事運、恋愛運、結婚運、人間関係運などが、塗るだけで爆上げされたり、叶えたいことを強く願いながら塗るとより叶いやすくなるよう、曼荼羅塗り絵の下絵を描きました。

下絵は、末広がりの意味をもつ８枚を用意しています。

塗るだけでもよし、お部屋に飾るのでもよし、手帳に挟むなどして持ち歩くのもよし、携帯の待ち受け画面にするのでもよし。

あなたがピンときた色や好きな色で塗ってください。グッとくる色を使うことがいちばん大事！ あとは楽しい気持ちで塗りましょう。

※色の意味やパワーについては、42ページを参照してください

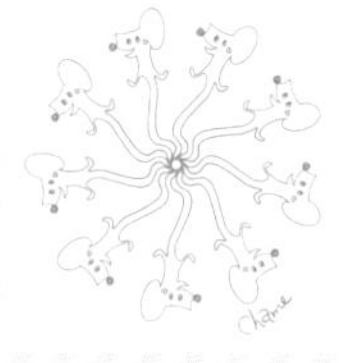

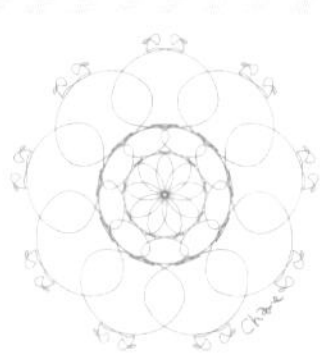

自分の時間も大切に

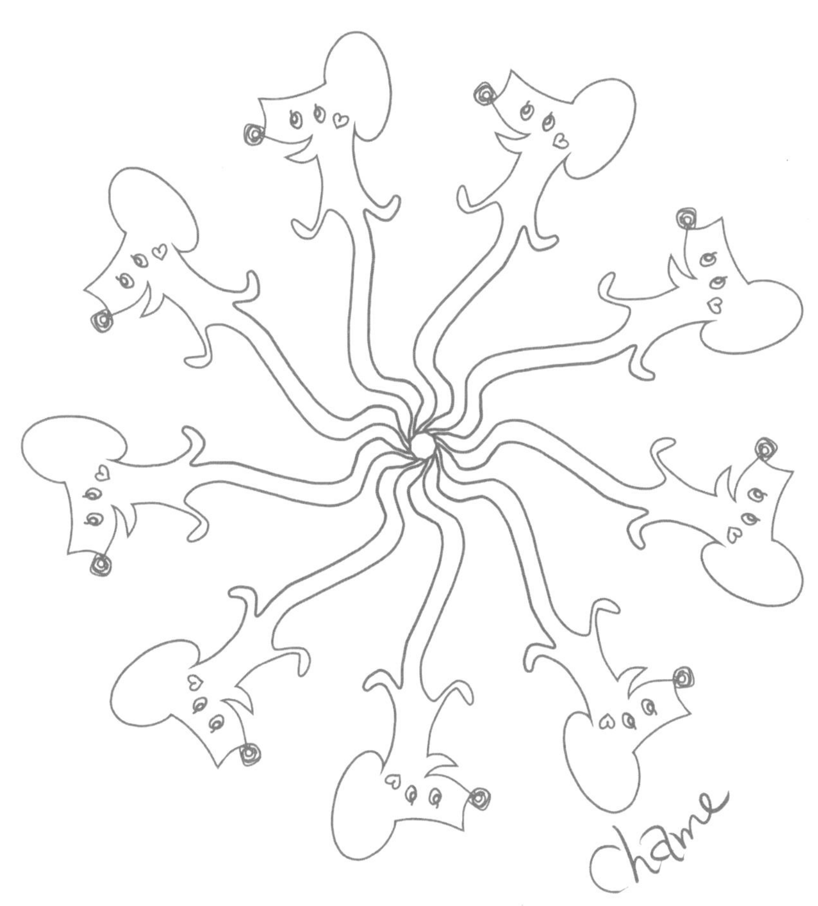
chame

chame

Chame

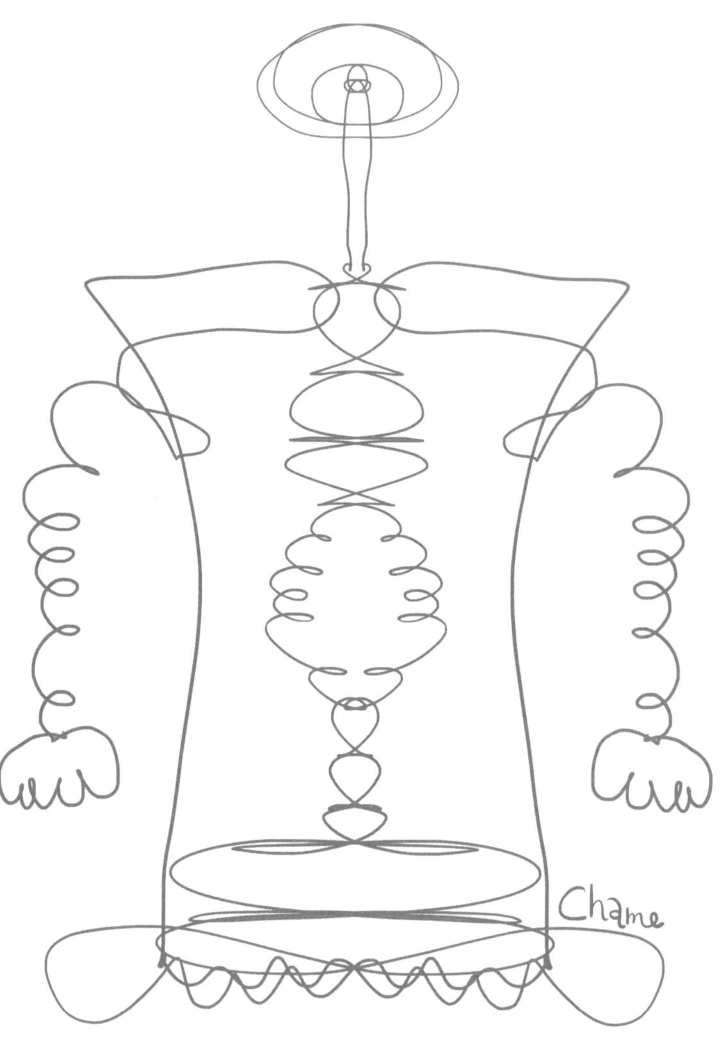
Chame

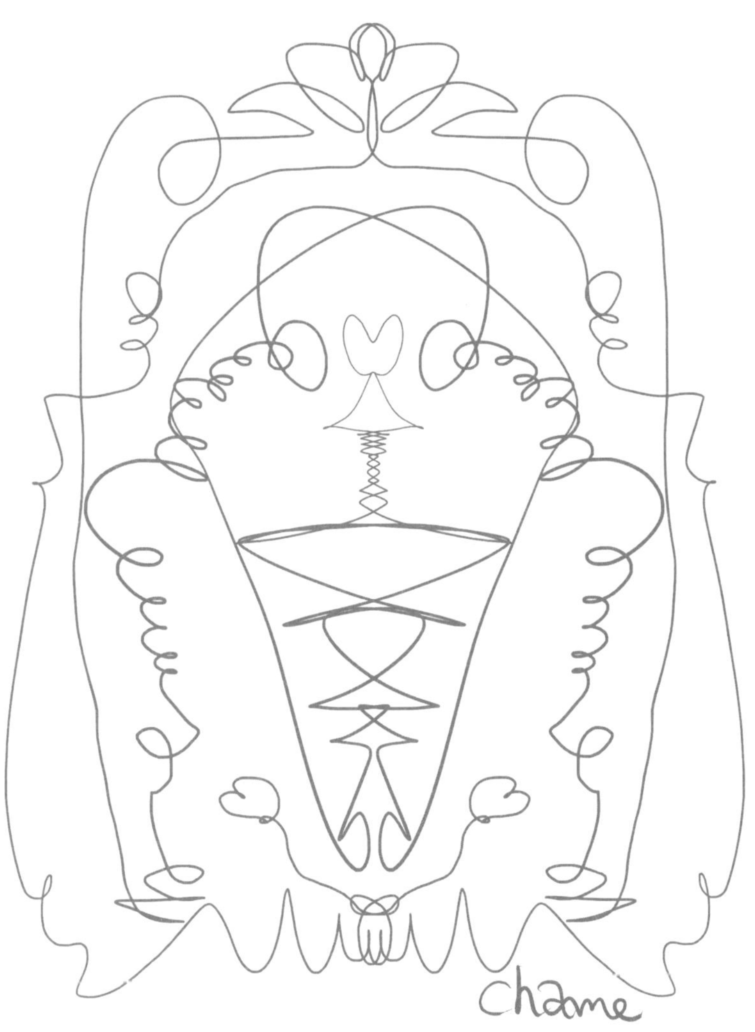
Chame

Chame

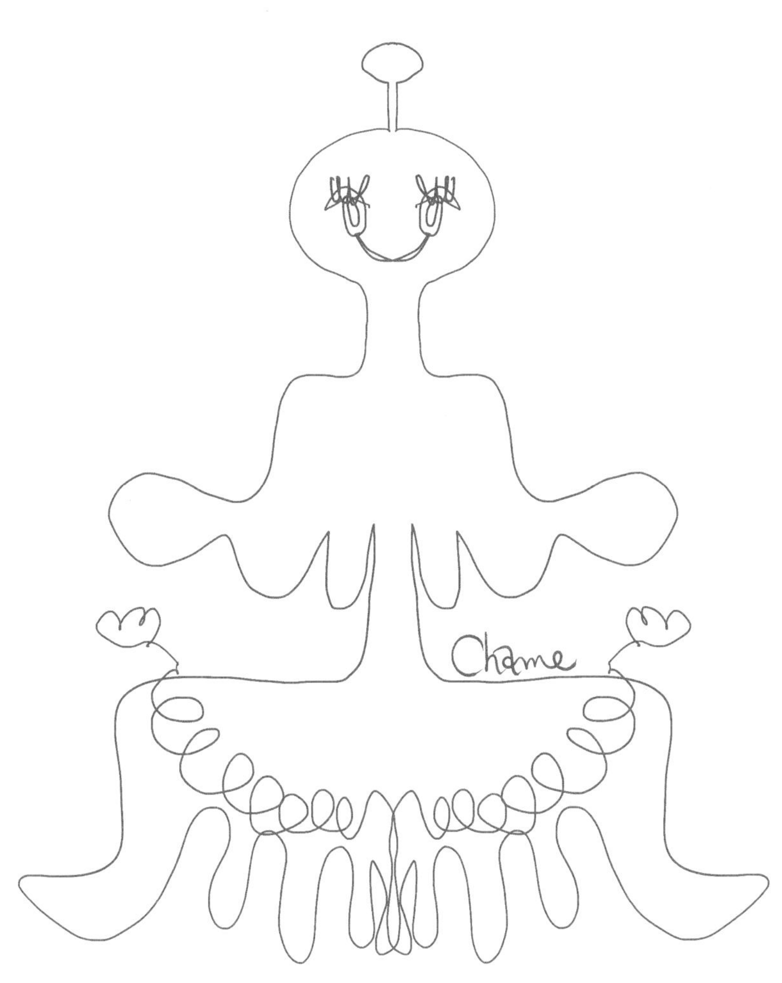
Chame

Chame

2021・2022・2023年

12星座別占い

願いごとを叶えやすくするためには、自分のこの先の運勢を知り、運の波に乗ることも大事です。

そこで、どこよりも早く、本書だけに2021～2023年の向こう3年間を12星座別に占いました！

これからの３年、どんなふうになりたいか。

そのためには何をどうしていけばいいのか。

これから始まる３年間の占いを参考にしながら、叶えたいことをどんどん宇宙に注文していきましょう☆

牡羊座

Aries

ラッキーあれこれ

2021	2022	2023
ラリマー	アメトリン	スイートオレンジ（精油）
ペパーミント（精油）	プチグレン（精油）	ガーベラ
緑豊かな大きな公園	神社	教会
行動力のある人	アートセンスのある人	背が高い人
オオクニヌシノミコト	イザナギノミコト	サルタヒコノカミ
	イザナミノミコト	

2021年の牡羊座

直感やひらめきで行動する牡羊座さん。2021年は仕事運が好調で、スピーディーに結果を出せます。

また、利益やメリットをみんなでシェアするとお金の流れがぐっとよくなりますよ。頑張り屋さんなので、ひとりで抱え込みがちですが、仲間の力を借りて目標に突き進むことで、利益も喜びも倍増するでしょう。

最新のPCやスマホにチェンジしたり、新しいコミュニケーションツールを使いこなしたりすることで、より仕事運がアップ！　最新アイテムについて自分よりも若い世代に「教えて～」と素直に頼ってみると有益な情報が得られるかも！

恋愛運は、身近な人と素敵な関係に発展する予感あり！　友だちから恋人へ昇格する、なんてこともあるかも!?　友だちが紹介してくれる人とのご縁もあるので、パーティーやイベントに誘われたら、面倒に思わずに、積極的に出かけるようにしましょう。

✷2022年の牡羊座

目に見えない力があと押ししてくれるような、不思議なことが起こる1年。仕事でもプライベートでも「もうダメだ～！」と思っても、それがラッキーな展開に変わり、なんとかなるどころか、災い転じて福となすような嬉しい結果になりそう。そのためには、毎日コツコツと頑張る姿勢が大事です。頑張っている人には、神さまがちゃんとサポートしてくれるもの。それでもうまくいかないときや、気分が落ち込んでしまうときは、神社に出かけてみて。

恋愛面では、SNSでのコミュニケーションがポイントに。軽快なやり取りが恋愛を発展させやすいので、長文はNG！　意中の人に自分のことを知ってほしい、という気持ちはわかりますが、あなたのミステリアスな部分が消えてしまうので、興味をもたれなくなってしまう可能性も！　短いながらも、好意が伝わる文章にするよう心がけて。

また、恋愛だけでなく、オンライン上でのコミュニティが楽しめるときでもあります。興味があるオンラインサロンなどをチェックしてみるのも◎。

✷2023年の牡羊座

新しいことを始めるのにベストなタイミング。起業、転職、副業を始めてみるのもいいでしょう。自分がどうなりたいか目標を決めたら、とにかく行動あるのみ。やりたいことが見つからない人は興味があることを片っ端から始めてみるのも手。失敗したらどうしよう……と考えて動かないのは問題。成功者も、トライ＆エラーをくり返してステップアップしているので、「最初からうまくいかなくて当然」ぐらいの気持ちで動いてみましょう。気をつけたいのは、大金を投資しないこと。なるべくお金をかけずに始めて、少しずつ規模を大きくしていくのが◎。

恋愛面は、新しい出会いに期待できそう。気になる人がいたら、自分から積極的に話しかけてみて。今のあなたは人を惹きつける魅力に溢れているので、どんどん新しい出会いを呼び込んでいるはず。パートナーがいる人は、なんらかのできごとによってより絆が深まり、結婚する可能性も高いです。

牡牛座

Taurus

ラッキーあれこれ

2021	2022	2023
スモーキークオーツ	アメジスト	ミニバラ
ソメイヨシノ	ネロリ(精油)	パチュリ(精油)
神社	牡丹	展望台
声が大きい人	川の近く	イラストが上手な人
アマテラスオオミカミ	占い師	イザナギノミコト
	オオクニヌシノミコト	イザナミノミコト

2021年の牡牛座

今まで頑張ってきたことが形になってきます。こんなことを続けていても理想には近づけない……と落ち込むこともあったのではないでしょうか。でも、2021年の早い段階で目標達成できる可能性大です。しかも、とてつもなく苦労して……という感じではなく、毎日ひたすら目の前のことを一生懸命やっていたら、「あれ？　叶っちゃった！」という感じです。

収入に関しては、自分の好きなことをして独自の収入パターンができ、安定するといった感じです。

恋愛に関しては、長く付き合っている人はそろそろプロポーズの予感！　結婚運を高めるには、つねに相手の立場になって考えることが大事。何があってもいつも味方になって、共感することをオススメします。フリーの人は、仕事を通しての出会いに期待できそう。なので、ファッション＆メイクの手抜きは厳禁！　日頃から清潔感のあるモテファッションを心がけて。

✷2022年の牡牛座

人見知りの性格なので、新しい人とコミュニケーションをとるのが苦手な牡牛座さんですが、2022年は横のつながりが世界を大きく広げるので、なるべく多くのコミュニティに参加してください。オンラインでもオフラインでも、仲間との交流があなたを高め、ビジネスにもいい影響を与えます。一度仲よくなると信頼されやすいので、紹介を通じてどんどん仲間が増えていきそう。人脈が広がりすぎて、「どうしよう！」と不安に思うのは最初だけ。思いきって飛び込んでみると、なんてことないと思うはず。仕事運は、独立、転職を視野に入れて活動していくとよさそうです。慎重な牡牛座さんなので、不安のほうが大きいとなかなか動けませんが、いろいろな人に会って、アドバイスをもらいましょう。

恋愛に関しては、楽しいコミュニティでの出会いあり。最初は友だちからスタートするかもしれませんが、だんだん親密になっていく感じです。長く続いて、人生のパートナーとなるかもしれません。

✷2023年の牡牛座

“天職”と思える仕事に出会える予感。誰でも新しいことを始めるのは怖いことですが､変化がないのは退化しているのと同じことなので、勇気を出して進んでみてください。初めて自転車に乗るときと同じ、思いきり漕ぐとスーッと前に進んで行くような感じです。また新しいことを学ぶのもいいタイミング。今年中に学んだことはステージアップにつながって収入に直結します。ただし、受け取るのはあなたの潜在意識が受け取ることを許可した金額なので、お金にまつわる発言にはご注意を。特に「お金がない」という発言は金運を下げてしまうのでNGです。

恋愛面では、SNSで新しい出会いがありそう。真面目なやり取りではなく、つい笑ってしまうような楽しいコミュニケーションができる人に惹かれそう。でもその恋を育むのはリアルに会ってから。SNS上で友だちとして定着してしまう前に、ちゃんとデートに誘ってみましょう。

だぁいじょ〜ぶだぁ〜！

Ⅱ

双子座

Gemini

ラッキーあれこれ

2021	2022	2023
タンザナイト	ラピスラズリ	ギベオン
ハイビスカス	ジュニパー（精油）	紫陽花
山小屋	居酒屋	オフィス街
ピアノが上手な人	プレゼンが上手な人	調理人
タケミカヅチノカミ	アマテラスオオミカミ	オオクニヌシノミコト

✷2021年の双子座

やりたくない仕事、不快な人間関係など、心地よくないものはどんどん手放しましょう！　誘いを断ったり、縁を切ったりするのはなかなかしんどいですが、イヤだなと思うのは一瞬です。身軽になることでかなりバージョンアップするので、勇気を出してみて。楽しいと思えることだけをして、いつもあなたらしくいることが開運につながります。また、自分が好きなことをしていると、共通の趣味をもつ新しい出会いも訪れます。仲間がどんどん増えていきますし、恋のお相手にも巡り会えるかも⁉

恋愛に関しては、学びの場での出会いもありそう。興味のあるセミナーやオンラインサロンに参加するのも◎。

それとですね、運動することも開運するために重要な要素なんです。あちこち軽やかに出かけられるように、つねにフットワークを軽くすることを意識してみて。健康維持も兼ねて、日頃から下半身を鍛えるエクササイズを始めてみるのもオススメです。

✷2022年の双子座

点と点がつながった！　と思えることが起こりそうです。なんの関係もない、と思っていたことがじつはつながっていて、思いがけず素晴らしい結果を生み出します。また、意識して思ったことは口に出してみましょう。特に嬉しかったこと、おいしかったもの、素敵と思ったことなどを、ゲームのように見つけ出して、いちいちポジティブな発言をすると相当開運しちゃいます。

仕事運では頼りにされることが多そうです。采配が上手なのでプロジェクトはあなたがリーダーシップをとるとうまく回りそう。

恋愛は、なるべくたくさん人と交流しましょう。特に今は注目されやすいフェロモンが出ていますので、モテまくって素敵な出会いが！　初対面の人にも自信をもってどんどん話しかけてみてください。また、友だちの中にもパートナー候補がいるかも。あなたが困ったときに助けてくれる人に注目を。ドラマチックでなくても、ほっこりと落ち着く関係から発展することもありますよ。

✷2023年の双子座

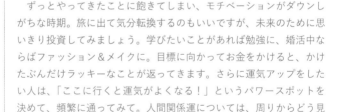

ずっとやってきたことに飽きてしまい、モチベーションがダウンしがちな時期。旅に出て気分転換するのもいいですが、未来のために思いきり投資してみましょう。学びたいことがあれば勉強に、婚活中ならばファッション＆メイクに。目標に向かってお金をかけると、かけたぶんだけラッキーなことが返ってきます。さらに運気アップをしたい人は、「ここに行くと運気がよくなる！」というパワースポットを決めて、頻繁に通ってみて。人間関係運については、周りからどう見られているか、なんてことは気にしなくてよし！　自分らしく、偽りのないラフな付き合いをすると信頼されて人気者に。

恋愛では、楽しくご飯を食べることができる相手こそ、ベストパートナー。「いいな」と思ったらご飯に誘って、リラックスして食事ができるかどうか見極めて。また、相手を褒めることも大事ですが、自分アピールも忘れずに。料理が得意、スポーツがセミプロ級など、自慢にならない程度に少しオーバー気味に出していくのがオススメ。

蟹座

Cancer

ラッキーあれこれ

2021	2022	2023
ルビー	ターコイズ	サファイヤ
イランイラン（精油）	薔薇	ヒノキ（精油）
静かな旅館	ジュエリーショップ	ワインバー
不動産に詳しい人	ギターが上手な人	動物好きな人
スサノオノミコト	タケミカヅチノカミ	アマテラスオオミカミ

2021年の蟹座

身近な人には甘えが生じて、つい邪険に扱ってしまったり、ないがしろにしてしまったりしていませんか。逆に、関係性が薄い人に対しては、気を使ったり、愛想を振りまいたり……なんてことをしている人もいるのではないでしょうか。よく考えてみてください。本当に大切にすべき人は誰でしょうか？　2021年は、家族や仲間との絆を深めましょう。それが開運のカギです。直接言うのが恥ずかしい人は、一緒に食事をする回数を増やしたり、旅行に誘ったりしてみてください。今まで以上にいい関係が築けるはずです。

恋愛は、パートナーがいる人はマンネリに注意。ちょっぴり刺激が必要なので、新しい場所に行ったり、新しいことを始めたりするのがいいでしょう。フリーの人は、セクシーな魅力がアップするので結構モテます。でも、ビジュアルに惑わされずに、誠実な人柄であることを重視してください。

✷2022年の蟹座

自分を高めること、楽しめることに投資をしましょう。いいお金の循環が起こって金運がアップします。投資して学んだことがビジネスになったり、楽しいと思えることをSNSで発信したらすごくいいオファーが来たり。ダイレクトにお金に変わることもあれば、まったく関係ないところから臨時収入を得られることも。いずれにしても、あなたが心の底から楽しめることをするのが大事です。やりたいことが見つからないという人は、逆に「これだけはやりたくない」ということを書き出していくと、自ずとやりたいことが明確になってきます。

恋愛は、いつもの行動範囲ではない場所に新しい出会いがあるので、なるべく行動範囲を広げてみましょう。また、オンラインで交友関係を広げるのもオススメです。互いを高め合うことができる相手と相性がいいので、オンラインセミナーやオンラインサロンでの出会いにも期待して。

✷2023年の蟹座

今の状態に不満があって楽しくない、すぐにイライラしてしまう……だから人生を変えたい！　と思うなら、環境をガラリと変えたほうがよさそうです。引っ越しや転職などがベスト。それが難しい人は、お部屋のインテリアを変える、断捨離をするなどでもOK。

また、金運を高めるには、お財布の中を整理するのがオススメ！　お財布はお金のホテルみたいなものです。わたしたちが快適なところに泊まりたいと思うのと同じで、お金も快適なお財布のところに行きたいと集まってくるもの。お財布を新調するのも手ですよ。

恋愛に関しては、意外な人から突然告白されたり、複数の人からデートに誘われたりと、なんの努力もしていないのに恋愛のチャンスが次々に到来しそう！　急にモテ出した変化についていけず、戸惑ってしまうかも。ガードが固くなってしまい、せっかくのチャンスを逃してしまう可能性もあるのでご注意を。いつも笑顔で話かけやすい雰囲気をつくり、“隙”を見せるようにしてみるとうまくいくキャも。

白いカラーが
結婚運アップ！

獅子座

Leo

ラッキーあれこれ

2021	2022	2023
ピンクトルマリン	スギライト	ブラックルチルクオーツ
ラナンキュラス	ハスの花	フランジュパニ（精油）
ラグジュアリーなホテル	タワー	スポーツジム
計算が速い人	植物に詳しい人	年上の人
コノハナサクヤヒメ	スサノオノミコト	タケミカヅチノカミ

2021年の獅子座

幸運を引き寄せるには、人との縁が大切。自分でチャンスを掴むというよりも、周りの人がラッキーチャンスを連れてやってくるので、コミュニケーションを活発にしておきましょう。また、気が合う人とのコラボレーションも吉。3人以上の仲間と一緒に何かを始めると楽しめます。遊びのサークルを作ったり、イベントを立ち上げたりするのでもいいのですが、突飛なことであればあるほど楽しめるので、劇団を立ち上げる、芸事をYouTubeに投稿するなど、少し大掛かりなことをするのがオススメ。退屈だった毎日が劇的に楽しくなるのでやってみる価値ありです。

恋愛運は、結婚する可能性が高い人との出会いがあります。出会ったときはなんのトキメキも感じないかもしれませんが、何度も会って話すうちにじわじわと好きになっていくので、第一印象だけで決めないこと。カップルは浮気心が芽生えそうな予感。余計な行動をしないように頻繁に会っていたほうがよさそう。

✷2022年の獅子座

仕事で困難にぶつかる可能性がありますが、チームで協力し合えば乗りきれます。逃げずに向き合ったことで魂が成長し、次のステージで大きなことを成し遂げる力が身に付きます。ベストなタイミングで大きな仕事を任されたり、プロジェクトのリーダーに抜擢されたりすることも。自分には荷が重いと思うかもしれませんが、ここはチャレンジのしどき。仲間や後輩が助けてくれるので、思いきって引き受けてみましょう。

金銭面では、どんぶり勘定はNG。現実を直視したくない人は収支を把握したがらないものですが、きちんと把握することで、お金のいい流れができ、さらに心も安定します。

恋愛面では、停滞していたことがここにきて急に動き出します。望んだ通りのハッピーな展開になるので期待していてください。カップルは濃い時間を過ごせるようになり、結婚への道が急に開けるかも。フリーの人は、片思いの人からお誘いがありそう。

✷2023年の獅子座

今のあなたは、自分で自分に「好きなことをしていいよ」と許可を出すことが必要です。生活のために働き、やりたくない仕事を続けるというのは、そもそも今の時代に合っていないキャも!?　個人でいろいろなことを自由にできる時代なので、本当に自分がやりたいことは何かを探して。好きなことを続けていくと、あなたをサポートしてくれる仲間がどんどん増え、信頼できるコミュニティもできるので、人生そのものが楽しくなっていきます。

恋愛面では、自信喪失気味になるかもしれません。そのせいで意中の人にアプローチできなくなりそうですが、ファッションを変える、メイクを変えるなど、まずは見た目から変えることで自信につながります。また、素敵な言葉を発したり、面白いこと言ったりするような恋愛上手になる必要はなく、聞き上手になって、ニコニコと相手の話を聞いてあげることが恋愛運アップの秘訣です。

てんびん女座

Virgo

ラッキーあれこれ

2021	2022	2023
ダリア	ローズクオーツ	チャロアイト
ラベンダー（精油）	バニラ（精油）	椿
エステサロン	キャンプ地	イタリアンレストラン
整理好きな人	面白い人	痩せている人
トヨウケビメノカミ	コノハナサクヤヒメ	スサノオノミコト

2021年のてんびん女座

やっていることがなかなか周りに認められないと思っているかもしれませんが、今はデビュー前の準備期間だと思うようにしましょう。回り道なのかな？　と思うこともじつは近道だったりするので、のちに花が開くと信じて、もう少し頑張ってみましょう。

また、お金に関しては、今は増やすというよりも、流れを整える時期です。将来の目的や目標のためにも、収支の見直しと立て直しをするといいでしょう。

恋愛に関しては、あなたが困ったときにいつも親身になってくれる人がすぐそばにいませんか？　その人こそ、パートナー候補の可能性大です！　最初は好みのタイプでなくても徐々に惹かれていく可能性があるので、密かに観察しておいてください。カップルは、遠慮せずわがままを言ってもOK。あなたのことを愛してくれているならば、相手は役に立っているという実感が得られて、むしろ喜んでくれるはずですよ。

✷2022年の乙女座

人に好かれる運気。誘いも多く、人脈がどんどん広がっていきます。今の仕事をアップデートできるいい情報が入ってくる可能性も。情報を提供してくれた人には、お礼と成果を報告するように心がけて。今後もいい情報を交換できる、特別な関係が保てます。また、スゴイ！と思った人と、こまめにコミュニケーションをとるようにしましょう。ビジネスでもプライベートでも、長期的に頼れるパートナーになる可能性が高いです。

恋愛に関しては、思いがけない場所に出会いがあるので、いろんなところへ出かけてみて。注意したいのが、もうすぐ付き合えそうな段階になると、気持ちが焦って急に束縛し始める一面があるところです。恋愛運気がダウンするので注意しましょう。パートナーがいる人も、愛情を求めすぎると束縛したくなって、あなたは面倒な存在に。愛されたいのなら、まずは相手に愛情を与えましょう。そうすれば、愛が返ってきますからね！

✷2023年の乙女座

乙女座さんはとても慎重なので、新しいことを始めるときに、メリット・デメリットを考えすぎなところがあります。でも、2023年は思いきって、やりたいと思ったら飛び込んでみましょう。思いがけない出会いや、新たな道が開けます。

また、あなた自身を売り込むことを意識して、いつもよりオーバーなくらいに、自分を表現すると、運を掴みやすくなります。ほかにも、あなたがこれまでに勉強して身につけた知識やアンテナを張って得た情報などを、周りにどんどん教えてあげることもアピールにつながります。

恋愛もあなたの存在をアピールすることが今年はカギになってきます。飲み会に参加したら、積極的にいろんな人に話しかけて、明るくて楽しい魅力的な存在であることを印象づけて。カップルは向かい合うよりも、横並びのほうが本音で話せるので、お散歩やドライブをしながら、たくさん話をすると一層仲が深まります。

♎

天秤座

Libra

ラッキーあれこれ

2021	2022	2023
シトリン	ペリドット	ロードクロサイト
ジャスミン（精油）	マーガレット	ユーカリ（精油）
コスメショップ	森林公園	リゾートホテル
整体師	テキパキ動く人	ネイリスト
アメノウズメノミコト	トヨウケビメノカミ	ククリヒメノミコト

2021年の天秤座

仕事面では、クリエイティブなセンスが光り、素敵なアイディアがどんどん生まれてきます。提案した企画が通りやすくなり、評価がぐんと高まります。また、起業したり、副業を始めたりするのもよさそうです。特に前半は高い壁を乗り越えることにとても喜びを感じます。仕事がとても楽しく感じられる年ですが、思いっきり遊ぶことも開運につながるので、レジャーの計画もしっかりと立てましょう。

マネーに関しては、マンションや車のような大きな買い物をするよりも、未来に向けて投資するほうがメリットがありそうです。必要なお金以外は、投資に回しちゃってもいいかもしれません。もちろん自分に投資するのもいい時期ですよ。

恋愛はモテ期なので、高望みしても大丈夫。高嶺の花を狙っていきましょう。今のあなたは運のよさも手伝って、恋愛の達人になっているかも。相手を喜ばせるトークや気遣いがピタリピタリと相手にハマっていくので、まさかの展開でお付き合いできる可能性大！

✷2022年の天秤座

基礎固めの年です。特に前半は、コツコツと地道に努力することに力を注ぎましょう。無理にスピーディーに進めようとすると、ケアレスミスや不協和音みたいなものに気づきにくく、大失敗してしまうことも。"急がば回れ"の精神で！

また、こまめに体を動かすことも心がけて。ジムに通うのもいいですが、大自然の中を歩くようなトレッキングをすると、忙しさとストレスでパンパンになっていた頭がスッキリします。近場の公園でもいいので、できるだけ自然にふれるようにしましょう。

恋愛面では、予想外のところで素敵な出会いがありそう。普段行かないところに出かけてみたり、通勤ルートを変えてみたりすると◎。出会ってすぐに意気投合でき、スピーディーにお付き合いが始まりそうな気配。気をつけたいのは、自己犠牲になってツラい思いをしない相手であること。ツラいと思うのは相手のことが好きなわけではなく、単にお互いの感覚がズレているだけ。なので、ツラいと思った時点ですぐに縁を切りましょう。

✷2023年の天秤座

積極的に動かなくても、周りがお膳立てをしてくれて、あなたが望んでいることを引き寄せられる1年です。そのためには、周りの人にやりたいことをしっかりと伝えておきましょう。それだけでOKです。

また2023年は、天秤座さんにとっては、今後10年を決める転換期でもあります。転職、引越し、結婚など、一大イベントに向かって進んでいきます。忙しくなりますが、自分にぴったり合う仕事や家、人に巡り合うことができそう。

また、遊ぶこともとても大事なので、無理をしてでもスケジュールを確保して遊びに出かけるようにしてみてください。

恋愛はノリがいい人との出会いが期待できます。予想外にトントン拍子にお付き合いに進めますし、早い段階で旅行の計画を立てるとより親密に。カップルは互いに忙しくなったり、遠距離になったりして、いつも以上にストレスを感じやすくなりそう。でも、関係性が悪くなるわけではないので、心配しないで。

♏

蠍座

Scorpio

ラッキーあれこれ

2021	2022	2023
ムーンストーン	ルチルクオーツ	翡翠
レモングラス（精油）	ひまわり	ティーツリー（精油）
オープンカフェ	池	図書館
美容師	運動好きな人	返信が早い人
ツクヨミノミコト	アメノウズメノミコト	トヨウケビメノカミ

✴2021年の蠍座

考えすぎず、直感を働かせて行動しましょう。周りの意見に流されずに、やりたいことはどんどんやるほうが、仕事も恋愛もチャンスを掴みやすいとき。旅に出かけると幸運を引き寄せられるので、つねに荷物は少なめにしてフットワークを軽くしておきましょう。動くことで出会いが増え、発想力が高まり、仕事にもつながります。一方、デスク周りや家の中に余計なもの、ムダなものが多くあるとパワーダウンしてしまうので、断捨離を。

恋愛はモテ期ですが、心を磨くとさらにあなたが輝くので、知的で品格が高まる乗馬や音楽、アートなどの趣味を始めるのがオススメ。気品が育まれて、それがオーラとなって現れるので、モテ力がさらに倍増しちゃうかも！　恋人がいる人もモテるので、やや心が浮つきそうになりますが、一時的なものなので浮気はしないほうが賢明。カップルはマンネリ気味なので、旅行したり、ロマンティックな場所に出かけたりしてみましょう。

✷2022年の蠍座

もともと集中力の高い蠍座さんのクリエイティブな才能が発揮されるとき。独創的な発想がウケて、仕事運がどんどんアップします。新企画のチームリーダーに抜擢されたり、昇進＆昇級したりと、モチベーションが上がることが次々と起こりそう！　蠍座さんは勘が冴えているので、「これはいいかも！」と思ったら、ガンガン突き進んでOKなのですが、後輩や同僚への気配りと感謝を忘れずに。気遣いに欠けると、サポートをしてくれなくなったり、足を引っ張られたりして、すぐに運気がダウンします。金運に関しては、気分が上がることにお金を使うのが吉。不思議とお金の巡りがよくなるので心がけてみて。

恋愛運も好調で、さりげなく意中の人にアプローチするだけでドラマチックな展開に！　トントン拍子に話が進み、ハードルが高そうな相手でも意外とうまくいくキャも。躊躇せずに行動してみましょう。カップルは、非日常の空間へ出かけると愛情の確認ができます。お出かけするなら南の方角へ。

✷2023年の蠍座

自分がどうなりたいかを明確にしましょう。それが決まったら目標に向けて、今は“種まき＝準備”に徹してください。焦りは禁物ですよ。自分を信じて種まきをしましょう。

それと、面倒なことを先にやっておくと開運します。今の種まきが2024年早々に花開き、その後３年くらい追い風効果が持続して、大成功します。「そうは言っても、障害が多くてうまくいかない」と思うこともあるかもしれません。でも、きちんと計画を立てれば大丈夫。安心して準備をしてくださいね。

恋愛は、すぐに意気投合できる、運命の相手に出会えます。相手からのアプローチを待つよりも、あなたからわかりやすいサインを出すとスピーディーに仲よくなれます。ストレートに告白してもうまくいく可能性あり。カップルは、ちょっとしたことで不安になり、悪い妄想ばかりしてしまいそうですが、疑問に思ったら直接確認を。取り越し苦労なことに気づくはず！

あなたはとても
魅力的ですよ

♐

射手座

Sagittarius

ラッキーあれこれ

2021	2022	2023
アクアマリン	ピンクオパール	アンバー
グレープフルーツ（精油）	コスモス	芍薬
海が見えるカフェ	ショッピングモール	本屋
経営者	手がキレイな人	掃除が好きな人
スクナビコナノカミ	ツクヨミノミコト	アメノウズメノミコト

✷2021年の射手座

直感が冴えるときです。「これだ！」と思ったことは躊躇せずに即行動に移しましょう。ノリのよさがチャンスを掴みます。

勢いに任せて興味のあることを片っ端からやっていくうちに、やりたいと思うこと以外はやりたくないというわがままスイッチが入りそうになりますが、今はそれを貫いても大丈夫です。周りの人たちからは、最初はわがままな人と思われるかもしれませんが、あなたが真摯に取り組む姿勢を見て、いつの間にか全力でサポートしてくれるようになるでしょう。なので、手抜きやおサボリは禁物ですよ。

恋愛に関しては、停滞していたことが急に動き出す気配。片思いの人からお誘いがあったり、自分からアクションを起こさなくても望んだ通りのハッピーな展開になるので期待していてください。パートナーがいる人は、リアルでもSNSでもまめにコミュニケーションをとることが大事です。なかなか進展しなかった結婚への道が急に開けることも。

✷2022年の射手座

環境の改善がラッキーを呼び込みます。より快適な家に引っ越す、田舎暮らしを始める、便利な都会に移るなど、自分が心地いいと思える住まいの見直しどきかも。リモートワークが中心になるなど仕事のスタイルも大きく変わり、理想の暮らしとは？　ということを見つめ直すいい機会かもしれません。それから、今まで仕事に追われる毎日だった人は、プライベートの充実に目を向けてみるのがよさそう。家族やパートナーと過ごす時間を増やしたり、趣味に没頭したり、好きな本を読んだり。プライベートが楽しくなればネガティブな気持ちになる時間が激減し、それがビジネス運や金運の向上に直結します。

恋愛は、合コンにたくさん行ったり、誰にでも構わずにアプローチしたりするよりも、あなたがイキイキと楽しそうにしていることのほうがうまくいきます。うまくいかないことがあっても、暗い表情を見せないこと。人は“メンタルがいい状態で安定している人”に安心感を覚えるので、ご機嫌な自分でいることを心がけましょう。

✷2023年の射手座

大好きな趣味に没頭する時間を増やすのが吉。副業につながり、徐々にビジネスとして大きくなっていく、なんて嬉しいことが起きるかも！

ただし、欲張って急激に拡大しようとしないこと。時間をかけて徐々に広げていくことが、安定して収益を上げることになります。

また、何かに縛られることなく自由な思考でいるほうが、どんどんアイディアが湧き出てくるので、快適な環境づくりも意識しておくのがオススメです。

恋愛運は、おしゃれに気を使うとアップします。最先端のファッションを身にまとうということではなく、いかに清潔感のある装いにするかということが大事です。白シャツがくすんでいないか、ニットがシワになっていないか、バッグがクタクタになっていないか。清潔感重視でいれば、確実にモテ運がアップします。カップルはあまり相手に干渉しないほうがよさそう。

♑

山羊座

Capricorn

ラッキーあれこれ

2021	2022	2023
エメラルド	ブルーレースアゲート	クリソプレーツ
パイン（精油）	パンジー	カーネーション
自宅のクローゼット	アミューズメントパーク	和食屋
企画立案がうまい人	スイーツが好きな人	集客力のある人
コトシロヌシノカミ	オモイカネノカミ	ツクヨミノミコト

✷2021年の山羊座

専門性を極めていきましょう。山羊座さんは、つねに戦略を考え、新しいことをどんどん打ち出していく力があります。上昇志向が強く、努力を惜しみませんから、コレ！　と決めたことは確実に成功させていく力があります。副業よりも、社内ベンチャーを目指したほうが山羊座さんに合っているかもしれません。社内の評価が上がり、高額の臨時収入が期待できそう。

出会い運もかなり好調。日頃からヘアスタイル、メイクに気を配っておくと、恋愛運もぐ～んとアップします！　山羊座さんの場合、ルックスではなく、深い話ができるかどうかが重要なポイント。刺激し合えて、お互いに成長できるパートナーや仲間との出会いが期待できます。素早さが大事ですが、いきなり告白すると相手も引いてしまうので、まずはじっくりとコミュニケーションを取ったあと、軽いノリでデートに誘いましょう。デート中は独りよがりの発言をしたり、ネガティブなことを言ったりしないように。そうすれば万事うまくいく！

✷2022年の山羊座

旅先で幸運の女神に遭遇しそう！　2022年は旅を満喫する年にしましょう。特に疲れが溜まってきたら、水がキレイな場所に出かけるのが◎。美しい海や川、湖があるところに行って、深呼吸すると頭の中がすっきりして脳疲労が解消されます。ずっと住んでみたかった街にウィークリーマンションを借りて住んでみるのもオススメ。もともと山羊座さんはフットワークが軽い人が多いのですが、さらに輪をかけて動きまくりましょう。

ただし、仕事ばかりにかまけていると、恋愛運に暗雲が立ち込めるので注意。山羊座さんは仕事が大好きな人が多いので、仕事が楽しくなるとパートナーを放置してしまうところも。安泰と思っていたのに急に別れを切り出された、なんてこともあるので気をつけて。ひと言だけでもいいので、頻繁にSNSで交流するようにしましょう。フリーの人は仕事が忙しすぎて、出会いなんてない！　と思っていても、意外とベストなお相手が職場にいるかも。

✷2023年の山羊座

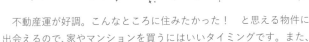

不動産運が好調。こんなところに住みたかった！　と思える物件に出会えるので、家やマンションを買うにはいいタイミングです。また、家庭運にも恵まれるので、結婚して新しい家族ができたり、家族に嬉しいことがあったり、ハッピーなことが続きそうです。

仕事面では、契約成立の場面が多くあり、あなたの評価もウナギのぼり！　また、大胆な行動をすると運気が好転して大きなチャンスを掴みやすいので、独立願望があるなら、今がそのタイミングかも。仕事面が好調とはいえ、余計なものやムダなものがあるとパワーダウンするので、つねに断捨離を課題にしておくことをオススメします。

運気を呼び込むキーワードは「動物」。ペットを飼っていればラッキー、飼っていなければ動物と触れ合うことを心がけましょう。

恋愛は、行きつけの飲み屋やレストランなど、アットホームな雰囲気の場所が出会いを引き寄せます。常連さんと仲よくなると、素敵な人を紹介してもらえるキャも！

水瓶座

Aquarius

ラッキーあれこれ

2021	2022	2023
ガーネット ジンジャー（精油） 庭園 子ども好きな人 サルタヒコノカミ	ラブラドライト ローズウッド（精油） 商業施設 コミュニケーション能力の高い人 コトシロヌシノカミ	チューリップ サンダルウッド（精油） 木のぬくもりのあるカフェ 頭の回転が速い人 オモイカネノカミ

2021年の水瓶座

2020年に仕込んでいたことが、2021年に大きく花開き、仕事がとてつもなく忙しくなります！　忙しいのは頼られている証拠ですが、あれもこれもと頼まれて、「もうこれ以上無理!!」と思うことが多くありそう。こういうときはあなたのキャパシティを大きく広げるチャンスですが、無理は禁物。なので、限界に挑戦するか、思いきって断るかは、そのときのあなたの体調によって判断しましょう。

普段しないことを積極的にやってみるのもいい年です。旅に出かけるなら、今まで行ったことのない場所へ。また、バンジージャンプやスカイダイビングなど、普段やらないようなことに挑戦すると、価値観がガラリと変わりそう。ネガティブ思考からポジティブ思考に変化する、といった感じです。

恋愛のチャンスも非日常の中にあります。毎日些細なことでいいので、“いつもとは違うことをする”を心がけてみて。思いがけない出会いやできごとが！

✷2022年の水瓶座

マイペースで過ごすことがツキを呼び込みます。ビジネスでは、派手なことや目立ったことをするよりも、どちらかといえば職人っぽく、ひたすら質のよいプロダクトを作っていく……そんな感じです。一方、起業するにもよいタイミングです。内向的だから起業には向かない、と思っている人もいるかもしれませんが、慎重で確実な内向的な人のほうが適している場合もあるので、副業から始めてみるのも◎。

また、たまには羽目を外して、思いきり遊んだり、自分に贅沢なご褒美をあげたりして、自分をかわいがってみてください。確実に運気がアップします♪

恋愛面は、インスピレーションで恋のお相手をキャッチする運気です。とにかく直感を信じて、アンテナを張り巡らせて！　出会いの場に出かけたり、SNSでコミュニケーションを積極的にとることで、素敵な出会いに恵まれます。カップルの場合は、隠しごとは絶対にダメ。すぐにバレて、たちまち心が離れてしまいます。

✷2023年の水瓶座

興味のあることを片っ端から試していくことが2023年の幸運のカギ。うまくいくかいかないかは別として、いろいろ試していくことで、自分の得意不得意がわかるようになり、自分でも気づかなかった「才能」を見つけられます。

やりたいことが見つからないと悩んでいる人も見つかる可能性大。見つけた才能を活用していくと、仕事が増え、仲間も増え、そして金運もどんどんアップしていきます。ただし、説明不足によるトラブルにはご注意を。あらかじめ丁寧に説明することを心がけるようにしましょう。言った、言わないというトラブルを避けるために文字に残しておくこともオススメです。

恋愛面では、趣味や嗜好がぴったり合う人との出会いがありそう。アートが好きなら美術館へ、スポーツが好きならスポーツ観戦へ、と自分が好きなことに身を置いておくといいでしょう。また、オンラインサロンなども◎。共通の趣味がある人と楽しく付き合えそう。

素敵なご縁

魚座

Pisces

ラッキーあれこれ

2021	2022	2023
ブルートパーズ	サンストーン	クリソコラ
パチュリ（精油）	ローズマリー（精油）	ローズオットー（精油）
湖の近くのホテル	アウトレットショップ	ローズガーデン
副業をしている人	自転車通勤している人	脚がキレイな人
ワタツミノカミ	サルタヒコノカミ	コトシロヌシノカミ

2021年の魚座

大強運期に備える、まとめの時期です。静かに物ごとを深く考えるといった、ひとりの時間を増やすと、やるべきこと、向かうべき方向が見えてきます。

自分と向き合う時間が増えると、「あのとき、ああすればよかったな……」と後悔の念にとらわれやすくなりますが、できるだけ楽しい、ポジティブなことを考えるようにして、気持ちを切り替えましょう。ポジティブ思考は開運の秘訣ですからね！　それができれば、2021年後半から2022年にかけて、とてもいい波に乗れます！

恋愛面では、妄想力がちょっと不足気味です。今、自分はどんな恋愛をしたいのか、ということを具体的にイメージしましょう。理想の恋愛がイメージできれば、それに合った波動が出て、現実になりやすくなります。カップルはコミュニケーション不足のよう。お互いに何を考えているかわからなくなりつつあるので、ゆっくり話せる時間を作りましょう。

✷2022年の魚座

2021年にしっかりと種まきして準備をしていた人は、大きく飛躍します。ゴールを明確にして一気に突っ走っちゃいましょう。一見やっても無駄に思えるような無謀なことに、思いきってトライしてみるのもオススメ。花が開いて、大きな成果が得られる可能性大です。ただし、それはあなただけの力ではなく、周りのサポートがあってこそなので、つねに周りの人へ感謝の気持ちを忘れないようにしましょう。

また、人間関係では新しい世界が広がりそうな予感。時には変なしがらみに巻き込まれそうになりますが、やりたくないことはNO！とハッキリ言いましょう。曖昧にするよりも好印象を与えますよ。

恋愛面では、片思い中の人は、努力がなかなか実らなくて迷いが増えそう。でも、着実に前進しているので大丈夫。諦めなければ、実るときがやってきますよ。カップルは、お願いごとをするときはプレゼント作戦で！　ささやかなものでいいので、心のこもったものをあげるとうまくいきます。

✷2023年の魚座

2023年は、本から得る知識があなたを豊かにします。学びたいことがあれば、それに関する本を集めて読みまくりましょう。また、ビッグビジネスやマイホームの購入など、大きなお金の動きがありそうな予感。目標に一歩近づくので、熟考したうえで進めるのは吉。2023年の半ば以降でチャンスが訪れるので、心の準備をしておいてくださいね。手に入れたいもの、叶えたいことなどをあらかじめリストアップしておくと、突然やってくる幸運の波にもあわてずに乗ることができます。

恋愛面では、自分に勇気がないために、片思いから脱却できないかも……。でも、髪型など容姿を褒める、ちょっとしたお土産を渡すという具合で、些細なきっかけを作る努力をしてみて！　ハッピーな方向に展開していきますよ。カップルは、一緒にいても楽しくないと思ったら、できるだけ遠出をするようにしましょう。付き合いだした頃のトキメキが蘇ってくるかも！

長崎県
- 鎮西大社諏訪神社
- 山王神社
- 天手長男神社
- 海神神社
- 和多都美神社（対馬）
- 海神神社（対馬）
- 厳原八幡宮（対馬）
- 小島神社（壱岐島）
- 月読神社（壱岐島）
- 龍光大神（壱岐島）

佐賀県
- 與止日女神社
- 祐徳稲荷神社
- 武雄神社
- 大魚神社

熊本県
- 阿蘇神社
- 上色見熊野座神社
- 幣立神宮・東水天宮
- 八代神社

鹿児島県
- 霧島神宮
- 鹿児島神宮
- 月讀神社（桜島）
- 枚聞神社

福岡県
- 宗像大社
- 櫻井神社・櫻井大神宮
- 宮地嶽神社
- 宝満宮竈門神社
- 太宰府天満宮
- 神在神社

大分県
- 宇佐神宮
- 大元神社（宇佐神宮 奥宮）
- 松尾神社
- 薦神社
- 西寒田神社

宮崎県
- 荒立神社
- 天岩戸神社
- 天安河原
- 八大龍王水神・八大之宮
- 鵜戸神宮

京都府
- 賀茂別雷神社
- 賀茂御祖神社
- 伏見稲荷大社
- 籠神社
- 真名井神社
- 天立橋神社
- 貴船神社
- 出雲大神宮
- 比沼麻奈為神社
- 北野天満宮
- 車折神社
- 八坂神社

和歌山県
- 熊野本宮大社
- 熊野那智大社
- 神倉神社
- 熊野速玉大社

滋賀県
- 建部大社
- 竹生島神社
- 多賀大社
- 近江神宮
- 白鬚神社
- 平野神社
- 日吉大社西本宮

大阪府
- 大鳥神社
- 今宮戎神社
- 枚岡神社
- 住吉大社
- サムハラ神社
- 伏見稲荷大社

三重県
- 椿大神社
- 椿岸神社
- 伊勢神宮外宮・内宮
- 猿田彦神社
- 佐瑠女神社
- 二見興玉神社
- 石神社
- 天の岩戸

兵庫県
- 伊弉諾神宮
- 粟鹿神社
- おのころ島神社
- おのころ神社（沼島）
- 長田神社

奈良県
- 大神神社
- 春日大社
- 龍田大社
- 橿原神宮
- 丹生川上神社・中社・下社・上社
- 天河大弁財天社
- 玉置神社

岡山県
- 吉備津神社
- サムハラ神社奥の宮

広島県
- 厳島神社
- 豊國神社
- 御手洗天満宮
- 沼名前神社

山口県
- 住吉神社
- 元乃隅神社
- 岩国白蛇神社
- 防府天満宮
- 別府弁天池

鳥取県
- 宇倍神社
- 倭文神社
- 大神山神社 本社・奥宮

島根県
- 出雲大社
- 出雲井社
- 揖夜神社
- 八重垣神社
- 熊野大社
- 須佐神社
- 日御碕神社
- 物部神社
- 神魂神社
- 佐太神社
- 美保神社

しばらく様子を見よう

九州地方
中国地方
四国地方
近畿地方
中越・東海地方

愛媛県
- 大山祇神社
- 伊佐爾波神社
- 石鎚神社・口之宮・中宮・土小屋遙拝殿・頂上社

高知県
- 土佐神社
- 白山神社
- 鳴無神社

香川県
- 金刀比羅宮
- 津嶋神社
- 直島八幡神社

徳島県
- 大麻比古神社
- 磐境神明神社
- 生夷神社
- 事代主神社

沖縄

沖縄県
- 波上宮
- 宮古神社
- 普天間御嶽★

本島

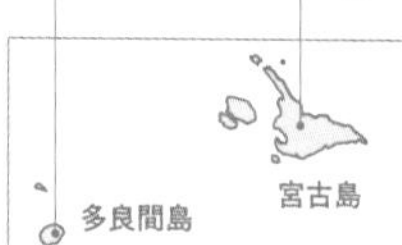

★神社ではないですが、超開運スポットなので入れています。

全国 開運神社 MAP

北海道

北海道
- 北海道神宮
- 網走神社
- 天塩厳島神社
- 北門神社
- 然別湖の弁天島
- 太田山神社

東北地方

秋田県
- 太平山三吉神社
- 真山神社
- 御座石神社
- 唐松神社

青森県
- 岩木山神社
- 十和田神社
- 高山稲荷神社

山形県
- 鳥海山大物忌神社
- 出羽三山神社
（月山神社、出羽神社、湯殿山神社）

岩手県
- 盛岡八幡宮
- 岩手山神社
- 鬼越蒼前神社
- 巻堀神社

福島県
- 伊佐須美神社
- 馬場都々古別神社
- 八槻都々古別神社
- 開成山大神宮
- 子眉嶺神社

宮城県
- 塩釜神社
- 金華山黄金山神社
- 鼻節神社
- 龍口神社

関東地方

栃木県
- 宇都宮二荒山神社
- 日光二荒山神社
- 日光東照宮
- 白蛇弁財天
- 賀蘇山神社

茨城県
- 鹿島神宮
- 息栖神社
- 大洗磯前神社
- 酒列磯前神社
- 御岩神社
- 花園神社
- 泉神社
- 大神宮

埼玉県
- 三峯神社
- 秩父神社
- 宝登山神社
- 大宮氷川神社
- 川越氷川神社

千葉県
- 香取神宮
- 櫻木神社
- 安房神社
- 洲崎神社
- 神崎神社

群馬県
- 貫前神社
- 榛名神社
- 白根神社

東京都
- 明治神宮
- 小野神社
- 東京大神宮
- 芝大神宮
- 浅草神社
- 被官稲荷神社
- 赤坂氷川神社
- 日枝神社
- 恵比寿神社
- 奥澤神社
- 蛇窪神社
- 武蔵御嶽神社
- 蛇窪神社
- 神田明神
- 田無神社
- 於岩稲荷田宮神社
- 出雲大社東京分祠
- 豊川稲荷東京別院（お寺）

神奈川県
- 寒川神社
- 森戸大明神
- 江島神社
- 銭洗弁財天宇賀福神社
- 箱根神社
- 箱根元宮
- 白龍神社
- 九頭竜神社

新潟県
- 彌彦神社
- 居多神社
- 度津神社

富山県
- 射水神社
- 雄山神社峰本社
- 雄山神社芦峅中宮

石川県
- 白山比咩神社
- 氣多大社
- 金澤神社
- 金劔宮
- 石浦神社
- 尾山神社
- 大野湊神社

福井県
- 氣比神宮
- 若狭彦神社上社・下社
- 大湊神社
- 苅田比売神社
- 平泉寺白山神社

長野県
- 戸隠神社・奥社
・中社・宝光社
・九頭龍社
・火之御子社
- 諏訪大社上社・下社

山梨県
- 北口本宮冨士浅間神社
- 武田八幡宮
- 武田神社
- 新屋山神社本宮・奥宮
- 穂見神社（韮崎市）

静岡県
- 三嶋大社
- 来宮神社
- 伊豆山神社
- 富士山本宮浅間大社

岐阜県
- 水無神社
- 伊奈波神社
- 南宮大社
- 白山中居神社

愛知県
- 熱田神宮
- 八百富神社
- 豊川稲荷（お寺）

キャメレオン竹田の開運33箇条

1. すべては今に影響される。今、自分が無意識に出している波動によって現実は創られていく。心地よく過ごしているなら心地いい現実を、心地よくないなら心地よくない現実を自分が創造している

2. 波動は感情にリンクする。心地よいことを創造したいなら、今この瞬間を心地よくすること。悪循環も好循環も自分が出す波動によって創られる

3. 望むことはすでに実現している。パラレルワールドが違うだけ。波動を変えれば体験できる

4. 意識を向けるとそこにエネルギーが流れる。アレルギーのように一定量を超えると、それを経験することとして目の前に現れる

5. 欲しいものや望む状況に意識を向けると現実になる。手に入らないことやできないことに意識を向けると、それも現実になる

6. 自分にとって"正解"の創造に目を向けているときは心地よく、"間違い"の創造をしているときは心地よくないと感じる。現実を自由にデザインしたいなら、この感覚に細心の注意を払っておこう。迷ったときの判断基準

7. 毎日、経験したいことをリアルかつ具体的にイメージして、心地いい気分を味わう時間をつくる。それらに強い感情が伴い、ビジョンが鮮明であればあるほど、創造は加速し、瞬く間に人生が変わっていく

8. 自分がいいと思うモノ、コト、状況の中に身を置き、五感で自分にインストールして心地いい気分を味わうと、それはいずれ自分が経験することとなる

9. 周りの意見に一喜一憂したり、誰かに認められることに価値を見出したりしているときは、自分に「価値がない」と勘違いしやすい。一貫して心地よくないと感じているときは、本来の自分とズレている。自分は存在しているだけで、ものすごい価値のある人間であることを忘れてはならない

10. 愚痴、泣き言、悪口は無意味。目の前に起きることは、自分の波動が創り出した臨場感のある映像にすぎない。自作自演もほどほどに

11. 人を変えようとコントロールするのは不可能。人に介入しすぎず、自分の波動を整えることに専念すること。それがすべての流れをよくしていく

12. いつも自分がどんな波動を出しているかを知るには、今どんなことに反応して、感情が揺さぶられるかを知れば一目瞭然

13. 無理に周りに合わせて気持ちを押し殺すと、すべてのバランスが崩れていく。心に矛盾がなく、ありのままの自分で生きていると、自分だけでなく、自然と周りの人をも幸せにすることができる

14. 周りにいい影響を与えたいなら、自分の人生をとことん楽しみ、そして堪能していけばいいだけ

自ら突き進んで!

15. あなたの心の聖域は、誰にもコントロールされず、絶対的に自由である。そして、あなたの人生のすべての決定権を持っているのは、ほかの誰でもなく、あなた

16. ありのままの自分を受け入れられると、ありのままの他人も受け入れることができる。自分を批判する人を受け入れられない場合、自分を受け入れられていない可能性大。すべての人間関係のおおもとは“自分である”と知ること

17. 自分を大切にすれば、人からも大切にされる。人間関係がうまくいかないときは、自分との人間関係を見直すこと

18. 今という現実は、それよりも少し前に自分が出した波動が作ったもの。心地よく感じられないことがあった場合、波動を整えていくと、心地よくないことはやがて通り過ぎ、新しく想像した現実がやってくる

19. 人生の章、つまりステージが変わっていくとき、人間関係の入れ替えが起こる。どんなステージに移行するかを知るには、入れ替わった人たちをよく観察すると見える

20. 出会う人にいつも「得」をさせるように行動していくと、自分も相手も嬉しい気持ちがわき、素敵なサイクルが生まれる

21. お金も、モノも、人も、状況も、手放しかた次第で入ってくる流れが変わる。気持ちよく手放せば、すべての流れをよくする。手放したくないことほど思いきって手放すと、より自分に合致することがなだれ込んでくるようになる

22. 執着していることほど、手放したあとに「なんであんなに執着していたんだろう？」という気持ちが芽生えやすい

あなたに好意を寄せて
いる人がいる！

23. ちょっとしたズレや違和感はスルーしない。“ズレ”は“ズレ”をさらに連れてくるので、つねに、しっくり、スッキリが大事

24. 何ごとも深刻に考えすぎない。基本、すべてはシンプルであると知る

25. 何ごとも、愛と感謝のエネルギーに変えると、すべてが好転し始める

26. 発する言葉で、その人の未来は一目瞭然。言葉の波動を侮ってはいけない

27. 自分の今を知りたければ、今仲のいい人たちを見ると一目瞭然

28. 過去を後悔する必要なし。どちらを選択したとしても、この“地球アトラクション”で経験することなので、大差なし！

29. イライラしてきたときは、自分の言動に合いの手を入れると波動が変わる（笑）

30. ワクワクする気持ちは、そこに自分の道やお役目があるというお知らせ

31. 正しいことより、楽しいほうが正解

32. 自分にとってすべてのことは最高のタイミングでやってくる

33. 自分が設定した未来は、実現する！

キャメレオン竹田（きゃめれおん・たけだ）

作家、旅人、波動セラピスト、占星術研究家、画家、デザイナー。株式会社トウメイ人間製作所 代表取締役。

「自分の波動を整えて、開運していくコツ」を日々、研究し、国内外のパワースポット・聖地を巡って、受信したメッセージを伝えることがライフワーク。

会員制オンラインサロン「神さまサロン」や「タロット占い師になる学校」を主宰。ANA 公式サイト「ANA Travel&Life」や週刊女性セブン、女性誌 JELLY、ワン・パブリッシング「FYTTE Web」などで占い連載多数。Twitter や Instagram、YouTube（キャメチューブ）では、波動がよくなるメッセージや動画を発信中。

著書 80 冊以上。『神さまとつながる方法』『お金が増えすぎちゃう本』（以上、日本文芸社）、『神さまとの直通電話』『神さまの家庭訪問』『神さまからの急速充電』『神さまとお金とわたし』（以上、三笠書房《王様文庫》）、『人生を自由自在に楽しむ本』（大和書房《だいわ文庫》）など多数。

絵・イラスト　キャメレオン竹田
写真（帯）　YOKO MIYAZAKI
デザイン・DTP　川畑サユリ
編集　鈴木啓子

宇宙に注文！　超開運ノート

2021 年 1 月 1 日　第 1 刷発行
2021 年 2 月 1 日　第 2 刷発行

著　者　キャメレオン竹田
発行者　吉田芳史
印刷所　株式会社廣済堂
製本所　株式会社廣済堂
発行所　株式会社日本文芸社
〒 135-0001 東京都江東区毛利 2-10-18 OCM ビル
TEL.03-5638-1660（代表）
URL　https://www.nihonbungeisha.co.jp/

Printed in Japan 112201215-112210115 Ⓝ 02 (310061)

ISBN978-4-537-21860-2

内容に関するお問い合わせは、
小社ウェブサイトお問い合わせフォームまでお願いいたします。
ウェブサイト　https://www.nihonbungeisha.co.jp/

※ポストカードを郵送するときは、封筒などに入れてください。

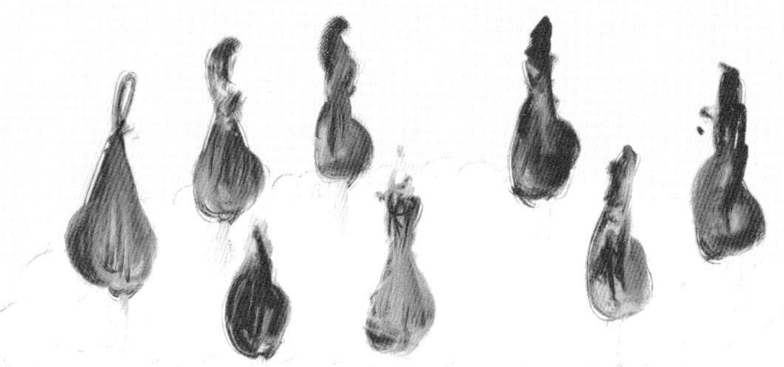

Chame

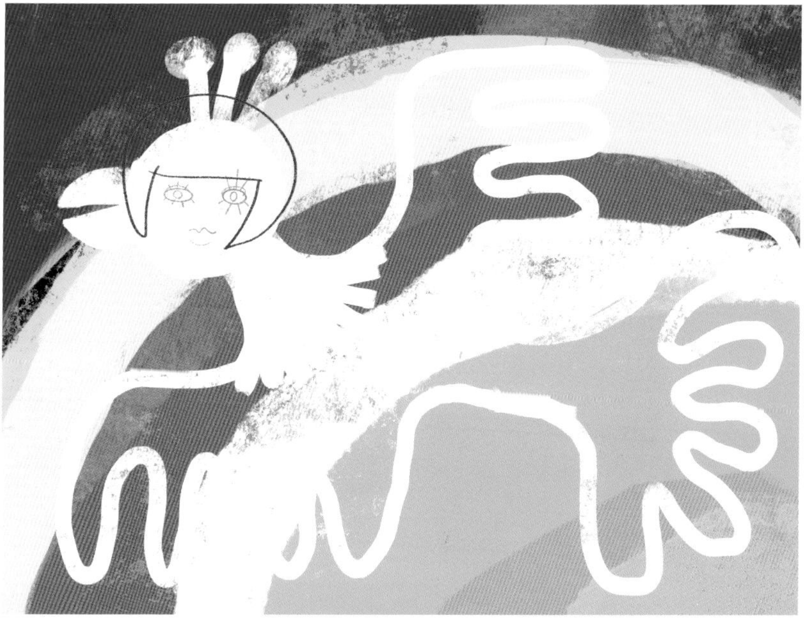

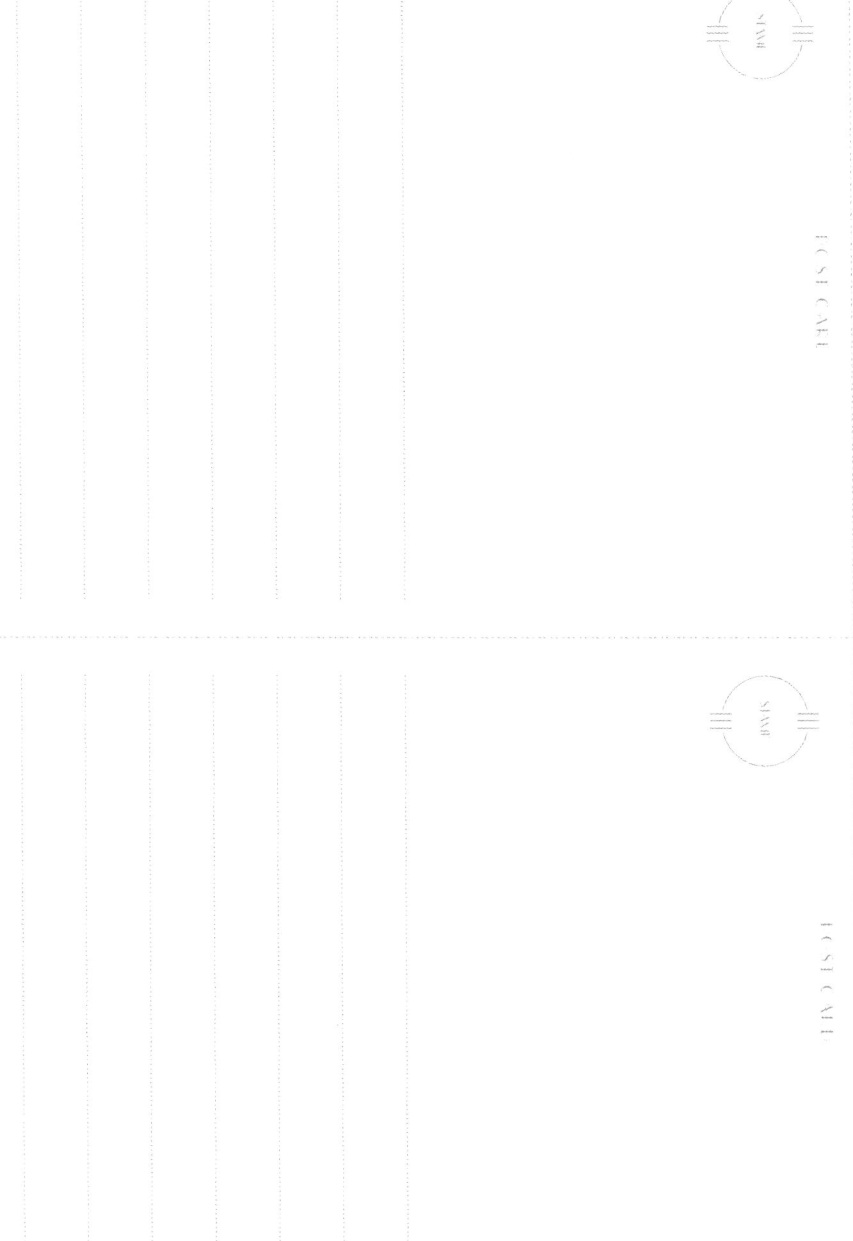

Chame

Chame

Chame

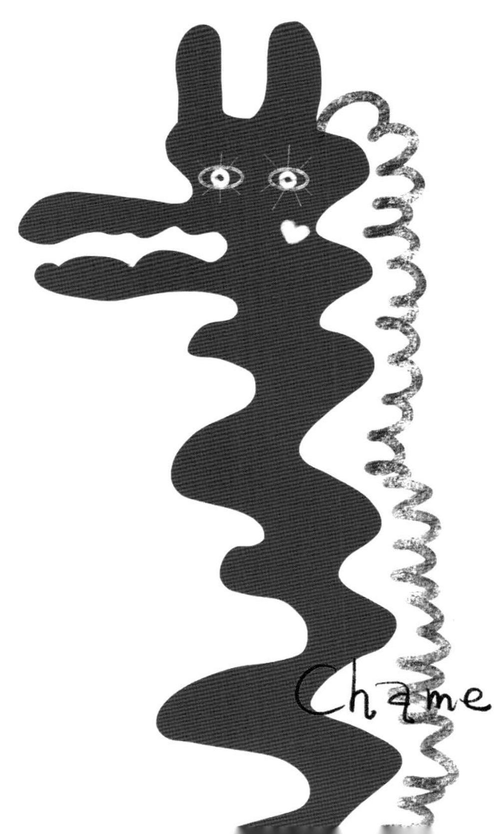

Chame

Chame

Chame

Chame
Chame

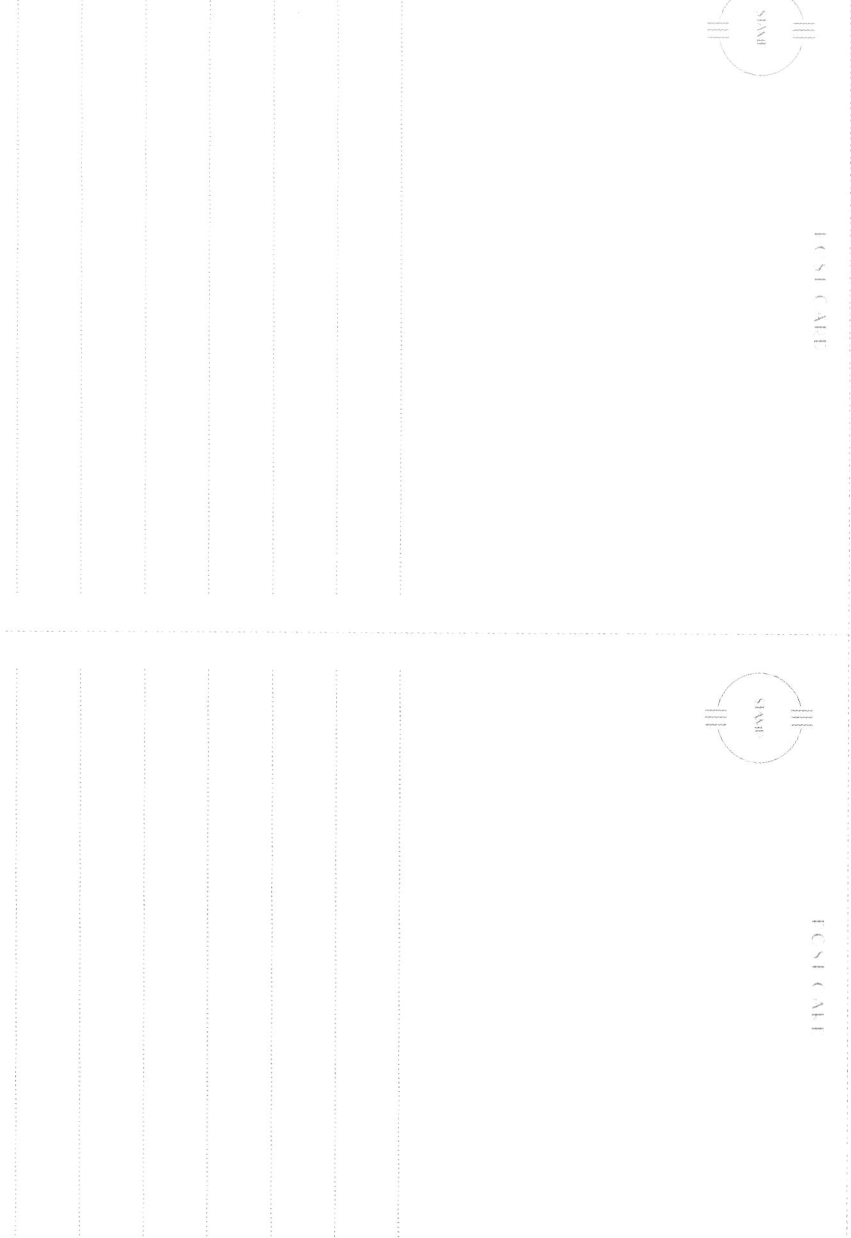

Chame

Chame

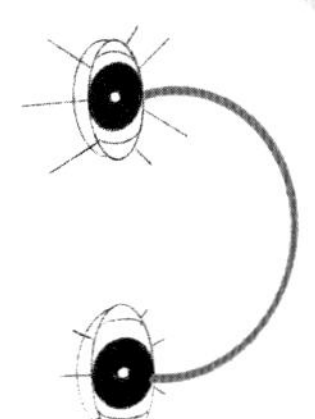

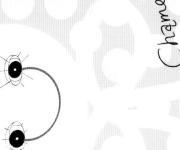

Chame

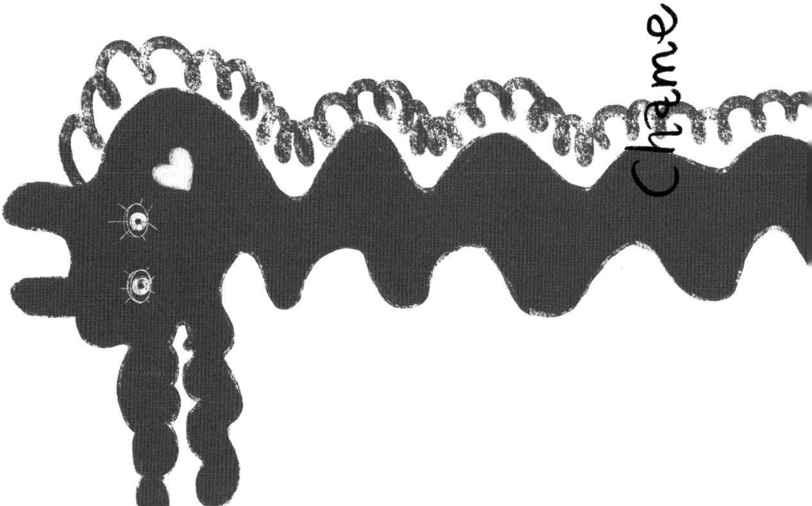

Chame